敦煌乐舞

手机扫一扫，看视频、听音频

视频

莫高窟

飞越敦煌

一事一生，一人一窟
赵声良

一事一生，一人一窟
苏伯民

一事一生，一人一窟
王惠民

一事一生，一人一窟
赵晓星

音频

《敦煌乐舞》
全书朗读

2021年主题出版重点出版物

写给青少年的

敦煌故事

敦煌研究院 编　赵声良 主编

敦煌乐舞

张彩梅 著

读者出版传媒股份有限公司
甘 肃 教 育 出 版 社

图书在版编目（CIP）数据

写给青少年的敦煌故事. 敦煌乐舞 / 敦煌研究院编 ; 赵声良主编 ; 张彩梅著. -- 兰州 : 甘肃教育出版社, 2021.12

ISBN 978-7-5423-5326-9

Ⅰ. ①写… Ⅱ. ①敦… ②赵… ③张… Ⅲ. ①敦煌学—青少年读物 Ⅳ. ①K870.6-49

中国版本图书馆CIP数据核字（2021）第277061号

写给青少年的敦煌故事 敦煌乐舞

敦煌研究院 编　赵声良 主编　张彩梅 著

策　　划　王光辉　薛英昭　孙宝岩
项目负责　伏文东　王露莹　何佩佩
责任编辑　张　静
装帧设计　石　璞　雷们起　张小乐
视频支持　敦煌研究院　敦煌市融媒体中心
图片支持　敦煌研究院
音频支持　甘肃飞天电子音像出版社

出　版　甘肃教育出版社
社　址　兰州市读者大道568号　730030
网　址　www.gseph.cn　E-mail　gseph@duzhe.cn
电　话　0931-8436489（编辑部）　0931-8773056（发行部）
传　真　0931-8435009
淘宝官方旗舰店　http://shop111038270.taobao.com

发　行　甘肃教育出版社　印　刷　山东新华印务有限公司
开　本　787毫米×1092毫米　1/16　印　张　12　字　数　110千
版　次　2021年12月第1版
印　次　2021年12月第1次印刷
书　号　ISBN 978-7-5423-5326-9　定　价　58.00元

总序

敦煌石窟包括莫高窟、榆林窟、西千佛洞等，共800多个洞窟，其中有5万多平方米的壁画和2000多身彩塑。1900年在莫高窟的藏经洞出土了6万多件古代珍贵文献和艺术品。这些无限丰富的文物，构成了敦煌文化的主体。

那么敦煌文化到底有什么价值和意义呢？习近平总书记在敦煌研究院座谈时指出，敦煌文化是各种文明长期交流融汇的结晶。敦煌文化展示了中华民族的文化自信。

敦煌作为中国古代通向西域的重要门户，中华文明同来自古印度、古希腊、古波斯等不同国家和地区的思想、宗教、艺术、文化在这里汇聚交融。敦煌文化就是中外文化交流的结晶，它见证了中华民族和丝绸之路沿线的各国各民族共同推动人类文明向前发展的历史。敦煌文化还体现了中国文化的包容性，包括对宗教的包容、民族文化的包容、审美价值取向的包容。这种包容性使敦煌文化具有世界性。

100多年前，敦煌藏经洞文物流失海外，引起了各国学者对这些文献的研究，形成了世界性的学科——敦煌学。经过 100 多年的发展，今天，世界上已有 20 多个国家的学者在进行敦煌学和相关领域的研究，敦煌学成为中外学者相互交流的重要内容。我国的敦煌学研究曾经历了曲折的阶段，从最初“敦煌在中国，研究在国外”的状况发展到了今天学术研究走在世界前列。特别是改革开放以来，中国的学者对敦煌文化各个领域都进行了深入研究，推出了越来越多的研究成果，极大地促进了相关科研、教育及文化建设的发展。今天我们正处在中华文化振兴和繁荣的大时代，挖掘并传播弘扬优秀传统文化，是我们研究者义不容辞的责任。

文化是需要传承的。我们要将敦煌文化广为传播，让全社会都了解敦煌，并从敦煌文化中获得中华优秀传统文化的滋养，从而更好地弘扬传统文化，树立文化自信。青少年是祖国的未来，让我国的青少年从小就学习、了解敦煌文化的真髓，有利于他们正确把握我国优秀传统文化的精神。本套丛书就是希望通过青少年喜闻乐见的方式，以适合青少年年龄特征和阅读习惯的文字，深入浅出地把敦煌文化传递给他们。希望越来越多的青少年朋友们通过这套丛书了解敦煌文化、热爱敦煌文化，并从中获得丰富的知识和灵感，提高自身的文化艺术素养。

赵声良

2021 年 12 月

目录

曼舞篇

鉴赏篇

引言

这是一本写给青少年的有关敦煌乐舞的书。

对于非专业的读者来说，敦煌乐舞是一个理解起来有一定困难的领域，我们已无法去聆听敦煌曾经奏响过的妙音，只能通过敦煌壁画中那一个个静止的瞬间的形象去想象当时的乐舞场景。

敦煌乐舞也是一个令人神往的领域，敦煌飞天洒落的漫天花雨、反弹琵琶的惊艳舞姿、壁画中琳琅满目的乐器，以及唐代诗人笔下旋转如急风的胡旋舞、雄姿英发的剑器舞等，这些敦煌莫高窟壁画中展现的乐舞图像，值得我们流连忘返、驻足品赏。

敦煌乐舞是中国音乐和舞蹈史的一个组成部分，敦煌地区延续千年的开窟造像史，为我们保留了大量珍贵的乐舞图像和文献资料。由于地处中原文化与西域文化交流、碰撞和融合的地带，敦煌乐舞既带有中原乐舞的明显特征，也具有西域乐舞乃至外来艺术的因素。以敦煌莫高窟为代表的敦煌壁画和藏经洞出土写本中的相关内容，大大丰富了中国音乐、舞蹈史的研究资料。

本书由“魅力敦煌”“妙音篇”“曼舞篇”“鉴赏篇”四个部分构成，每部分下设若干专题，下面对其作一简单介绍。

“魅力敦煌”，从张骞出使西域说起，谈敦煌的历史、地理与人文环境；“华戎所交一都会”，旨在说明敦煌乐舞是一个多元文化交流和融合的产物；敦煌莫高窟是一座收藏宏富的乐舞博物馆，它为中国乐舞文化的延续性作出了独特的贡献，而且也是世界文化交流与文化多元性的鲜活模板。

“妙音篇”，主要谈敦煌的音乐。谈音乐，自然离不开音乐的演奏者、乐器和演出场景。本篇联系莫高窟壁画中的音乐场景，从伎乐天与伎乐人的“天”“人”之分谈起，多角度介绍壁画中琳琅满目的乐器、乐队、敦煌曲谱“密码”的解译等。

“曼舞篇”，主要谈敦煌的舞蹈。娱佛、礼佛是莫高窟壁画中舞蹈的主要功能。无论是经变画中的天宫舞蹈，还是世俗生活中的舞蹈，它们的创作灵感都来源于现实生活，在一定程度上可以说是现实舞蹈的折射。本篇从莫高窟壁画中丰富多彩的舞蹈形象谈起，介绍灵动多姿的飞天，反弹琵琶的经典舞姿，区分“健舞”与“软舞”的不同风格，从舞具角度介绍了巾舞、剑器舞、鼓舞等舞蹈形式，并对带有明显西域舞蹈特点的胡旋舞等也用相当篇幅进行说明。

“鉴赏篇”，用史实论证敦煌乐舞是多元文化交流与融合的产物，对壁画乐舞中经典的“S”形造型进行分析，从乐器仿制、舞蹈“复活”的角度谈敦煌乐舞的传承与创新。自成风格的敦煌舞是其独特之处，进而介绍鉴赏敦煌乐舞的一些基本方法。

考虑到读者的阅读习惯，在写作过程中，以孩子们相对熟悉的壁画场景、诗歌、乐器、舞蹈形象等作为切入点，通过图文结合的形式，用通俗易懂的语言表述专业知识，以增强可读性。

需要说明的是，本书稿是甘肃教育出版社的立项选题，由中华书局编审柴剑虹推荐我来撰写的。柴先生多年从事敦煌学研究，颇有建树，是我敬重的学界前辈。柴先生认为我曾经在兰州大学学习过，有一定的敦煌学研究基础，并且多年来一直从事经典古籍的普及出版工作，在普及类图书的编辑出版方面有一定的经验。在本书稿的构思和写作过程中，柴先生给了我很多具体指导，并帮我润色书稿。本书在写作过程中也引用和吸收了诸多学者的研究成果，谨一并致以谢忱。由于受丛书体例所限，不一一注明出处，具体参考书目详见附录。

本书力图将敦煌乐舞文化的神秘与精彩呈现给读者，由于笔者学养所限，书中难免存在错误与不足之处，恳请读者批评指正。

伎乐飞天　莫高窟第301窟　北周

XIEGEI
QINGSHAONIAN
DE
DUNHUANG
GUSHI

写给青少年的
敦煌故事

魅力敦煌

从张骞出使西域说起

如果要写一部极简敦煌乐舞史的话，我们可以从张骞、丝绸之路、敦煌莫高窟开始，这“一人一路一石窟”，是敦煌千年乐舞史的最好见证。

在敦煌莫高窟第323窟的北壁，有一幅“张骞出使西域”的故事画，此画创作于盛唐时期，讲述的是汉武帝获得匈奴的祭天金人，但不知其名号，于是派遣张骞出使西域大夏国求金人名号的故事。整幅画面由三个不同的场景构成：画的右上部，在官员的陪同下，汉武帝去甘泉宫前拜佛；画的左下部，张骞跪地向骑在马上的汉武帝拜别，二人皆有随从相伴；画的左上部，张骞一行长途跋涉，到达大夏国。

这幅壁画的创作，来源于“张骞出使西域”这个真实的历史事件。不过，张骞出使西域，并不是为了给汉武帝求取祭天金人名号这么简单，而是汉武帝开疆拓土的一个重要举措。

西域一词首次出现是在《汉书·西域传》中。它是汉以后对玉门关以西地区的总称，通常有狭义和广义两种说法。狭义的西域专指葱

张骞出使西域图　莫高窟第323窟　盛唐

岭以东的地区。葱岭就是今天昆仑山和喀喇昆仑山等西部山脉的总称，打开中国地图，你只要找到新疆和西藏的位置，就能了解葱岭所指的大致地方了。葱岭的得名，据说是因为山上生长着葱，也有说是因为山岭葱绿。广义的西域就是一个比较大的地域了，它既包含了狭义的西域所在的地域，也指通过这些地域能到达的地区，包括亚洲中部、亚洲西部、印度半岛、欧洲东部和非洲北部。

西汉时，西域分布着大大小小几十个城邦性质的“国”，历史典籍中曾经有过“西域三十六国”的提法，不过这不是一个准确的数字，一些史书上就记载，这三十六国后来又分裂为五十余国。匈奴、大月氏、大夏等民族，就都居住在这里。匈奴是西汉王朝在北方最强大的对手，

丝路贸易图　莫高窟第296窟　北周

这是一个骑在马背上的游牧民族，逐水草而居，当时的天山南北大部分地区都是在匈奴的统治之下，这些地区的人民要向匈奴缴纳赋税。其中有个叫大月氏的民族，早先居住于祁连山一带，在匈奴抢占了他们的地盘后被迫西迁。

西汉初期经济凋敝，就连天子出行都找不到同一种颜色的四匹马拉车。面对匈奴不断南下的侵扰，因缺乏实力对抗，只能采取消极被动的防御政策。到汉武帝时期，西汉经济恢复和发展了起来，汉武帝派遣卫青、霍去病两员大将对匈奴进行了多次反击，并在公元前139年派遣张骞出使西域，计划联络大月氏自西夹击匈奴。张骞出使西域，其实是给西汉王朝寻找战略盟友，为的是能联合起来对付匈奴，出使的目的地也不是大夏国，而是大月氏。

这次出使很不顺利，在去大月氏的途中，张骞一行被匈奴俘虏后扣留了起来，这一扣留就是十年之久。当张骞等人寻找机会终于逃脱到达大月氏时，大月氏已无意东迁，结盟的目的未能达成，只能无功而返。在返回途中，悲剧又一次发生，他们又被匈奴扣留了。后来，趁着匈奴内乱，张骞一行才得以逃出，并在公元前126年回到长安。张骞的这次出使，历经艰险，他出发时带了一百来名随从，等返回长安时，只剩他和他的匈奴妻子以及一位名叫堂邑父的助手。虽说出使西域的目的并未达到，但张骞越过葱岭，到了大宛、康居、大月氏、大夏等国家，了解了这些国家的一些信息，并对外传播了汉朝的声威。

公元前119年，张骞第二次出使西域。其实早在张骞第一次出使西域被匈奴扣押期间，西汉军队就已经击败了匈奴的主力，使匈奴对汉朝的边境不再构成威胁。张骞这次出使西域，主要是扩大汉朝在西域的影响，与西域各国建立友好关系，并达到钳制匈奴的目的。

张骞第二次出使西域，使汉朝与当时的乌孙、大宛、安息、身毒等国进行了政治、经济、文化等方面的交流，中原与西域，甚至更远地区的交通路线逐步被开辟，这就是后来东西方经济、文化、商贸往来的著名的“丝绸之路”。

丝绸之路开辟后，带有浓重西域色彩的胡乐、胡器（“胡”是汉代以后对中原地区以外民族的统称）传入敦煌，来自印度的佛教也通过丝绸之路传入。东来西往的商旅、僧人穿梭于这条大道，随着佛教信众在敦煌开窟造像，胡风汉韵、儒学佛教，不同文化在河西走廊西端的敦煌地区交流融合，并造就了蜚声海内外的敦煌艺术宝库——敦煌莫高窟。

华戎所交一都会

唐朝诗人王维在《送元二使安西》一诗中写道："渭城朝雨浥轻尘，客舍青青柳色新。劝君更尽一杯酒，西出阳关无故人。"诗题中的安西，是唐中央政府为统辖西域而设的安西都护府的简称。好友元二奉命去安西，王维在渭城（今陕西咸阳）驿站与之道别，雨后的渭城天气晴

阳关古道

朗，空气清新，依依杨柳烘托出诗人与好友浓浓的不舍之情。诗人举杯劝酒：请再干一杯吧，西出阳关，就再也见不到至爱亲朋了。唐代诗人王之涣的《凉州词》，似乎是对这种不舍与惆怅的注解："黄河远上白云间，一片孤城万仞山。羌笛何须怨杨柳，春风不度玉门关。"在玉门关外，春风不度，杨柳不青，将士们都是怀着悲凉、慷慨之情出征边塞的啊！在这两首诗中，无论是阳关，还是玉门关，在诗人的眼中，皆为荒凉萧索之地，出了阳关、玉门关，只有羌笛胡曲相伴，那里是连春风也不会去光顾的地方。

兴许是这些千古流传的诗词在我们头脑中留下了太深的印记，于是一提起敦煌，我们的第一印象自然是大漠戈壁、黄沙漫漫。然而，千年前的敦煌，却有着"华戎所交一都会"之美誉，也就是说，它在千年前曾是一座国际性的文化大都会，而这一切，就要从汉武帝"列四郡，设两关"的战略部署说起。

汉武帝像

公元前121年，霍去病在河西重创匈奴。此后十年间，西汉政权相继在河西设立武威、张掖、酒泉、敦煌四个郡。其中，敦煌郡设立于公元前111年。在距离敦煌不到一百千米的地方，在它的北、南两面，分别设立了玉门关和阳关，扼守西域进入河西的大门。敦煌郡设立之后，西汉多次从内地移民，这些移民与戍卒一同进行屯垦。公元前60年，西汉设立西域都护府，正式开始了中原王朝对西域的管辖。

东汉后期，社会动荡不安，紧随其后的是三国群雄争霸的局面。连年征战使生民涂炭，出现了曹操《蒿里行》诗中所说的“白骨露于野，千里无鸡鸣”的悲惨景象。而敦煌，由于地处西部偏远之地，则保持了相对的安定。曹魏时期，敦煌地方政府兴修水利工程，并引进耧耕等先进耕作技术，促进了敦煌农业的发展。河西一带的安定与富足，吸引了两晋时期中原人口大量涌入。

敦煌的州、郡、县设立官学，宣传儒家经典，并举办医学院、阴阳学、道学、伎术院（伎术院是培养伎术类人才的教学机构，以天文历法、阴阳卜筮等伎术类知识和技能为主要教学内容）等各类专业训练机构。官学之外，每乡还设置私学，也称义学，由世家大儒来授课。另外，敦煌的寺院学校也很有特色，公元3世纪晚期，高僧竺法乘就在敦煌“立寺延学”。由于寺学得到当地政权的扶持，它的师资、课程开设等办学条件还优于官学，吸引了很多官宦子弟进入寺院学习。

敦煌与西域毗邻，是我国最早接触佛教的地方。在佛教传入初期，来往于西域和中原之间的中外高僧们常常在敦煌讲经说法，其中著名的有鸠摩罗什、昙无谶（chèn）、竺法护等人，他们或在敦煌作短暂停留，或世居敦煌建寺兴庙，直接或间接地影响着敦煌的佛教传播与发展。《魏书·释老志》记载："敦煌地接西域，道俗相得，其旧式村坞相属，多有塔寺。"敦煌出土的汉简中已有"浮图里"的地名，浮图是梵语佛陀、佛塔的音译。

两汉时期，从长安通往西域有两条道路，一条从玉门关西行，沿天山，经楼兰、龟兹、疏勒等地，越过葱岭到大宛、康居，称天山北路；一条出阳关，经鄯善、于阗、莎车，越过葱岭，向西到大月氏、安息等地，称天山南路。这就是举世闻名的"丝绸之路"。在地理大发现之前，东西方的经济文化交流主要是通过陆上丝绸之路进行的。

丝绸之路得名于我国高度发达的丝绸织造业。早在五六千年前，我国劳动人民就开始养蚕、缫（sāo）丝、纺织绸缎。张骞出使西域后，开通并确定了东西方交往的丝绸之路的基本走向，我国织造的丝绸被运往中亚、波斯（今伊朗）、地中海沿岸的罗马等地，引起了西方人民的惊奇和喜爱。1877年，德国地理学家李希霍芬在他所写的《中国——亲身旅行的成果和以之为根据的研究》一书中，首次提出"丝绸之路"的说法，后来被越来越多的学者所接受，成为中国古代经过中亚通往南亚、西亚及欧洲、北非陆上贸易通道的统称。

丝绸之路是一个双向交流之路，"东来西往"就是对这种交流的一种很形象的描述。西域的奇珍异宝、骆驼、马匹与食物等，通过丝绸之路输入，而中原的丝绸、瓷器源源不断地输出。隋炀帝曾西巡张掖，召开二十七国贸易大会。唐时，国家统一，经济文化交流空前繁荣，作为扼守丝绸之路咽喉之地的敦煌，商旅往来频繁，店铺林立，寺院殷实，富足的经济条件也为文化艺术活动创造了条件，使得敦煌成为国际文化大都会。

来华胡商　莫高窟第103窟　盛唐

国学大师、学界泰斗季羡林先生曾经说过："世界上历史悠久、地域广阔、自成体系、影响深远的文化体系只有四个——中国、印度、希腊、伊斯兰，再没有第五个。而这四个文化体系汇流的地方只有一个，就是中国的敦煌和新疆地区，再没有第二个。"在欣赏敦煌壁画时，我们既能看到充满北方游牧民族豪放气息的"健舞"，也能看到具有中原柔媚气质的"软舞"，还能看到极具印度舞蹈特征的飞天，就连遥远的地中海地区的雕塑风格，在这里也能觅得踪影，古代历史典籍中称敦煌是"华戎所交一都会"，可以说毫不夸张。

莫高窟谱写乐舞传奇

敦煌莫高窟曾有一块石碑，名为《李君莫高窟佛龛碑》，因此碑立于武周圣历元年（698），故又称《圣历碑》，它记载了敦煌莫高窟开凿的缘由：前秦建元二年（366），沙门乐僔（zǔn）行至此山时，忽然望见对面山崖金光闪耀，状有千佛，于是决定在此开窟，遂开凿了敦煌莫高窟第一个洞窟。其后禅师法良也在莫高窟开窟造像。经过北凉、北魏、西魏、北周、隋、唐、五代、宋、西夏、元等朝代，开窟造像的历史延续了千年。我们今天正是穿越千年历史风云，去欣赏五彩缤纷、灿烂辉煌的敦煌莫高窟壁画和彩塑。

敦煌莫高窟也是一座收藏宏富的乐舞博物馆。古代缺乏音乐、图像的保留技术，如果不是通过遗留在莫高窟壁画、彩塑上的形象，以及莫高窟藏经洞所出乐谱、舞谱等文献记载，我们很难去想象飞天的灵动多姿、反弹琵琶的惊艳绝伦、胡旋舞的旋转如风。在这里，我们能看到琳琅满目的乐器、形形色色的乐队，更有生动的舞蹈形象为我们提供了想象空间。敦煌莫高窟不仅为中国乐舞文化的延续作出了独特的贡献，而且也是世界文化交流与文化多元性的鲜活模板。这些丰富的图像和文献资料，是中国乐舞文化的宝贵遗产。今天的艺术家正是通过对壁画中部分乐器的仿制，使我们得以重听已成“绝响”的天籁；通过对壁画中舞蹈形象的“复活”，创作出《丝路花雨》《千手观音》等惊艳世人的作品。

在莫高窟壁画中，音乐与舞蹈往往紧密相连，呈现出“乐舞不分”的特点，本书为了叙述方便，在“妙音篇”和“曼舞篇”中分别讲了敦煌的音乐和舞蹈，事实上音乐与舞蹈在更多时候是相互交织在一起的，“你中有我，我中有你”。如我们熟知的飞天，有些手持乐器进行弹奏，有些则在空中做翻转、俯冲等舞蹈动作；反弹琵琶是一个典型的舞蹈造型，一般认为舞者手中的琵琶是作为舞具出现的。在一些巨幅经变画和说法图中，音乐与舞蹈水乳交融，音乐为舞蹈伴奏，舞蹈为音乐提供了想象的空间，二者相互成就，共同谱写了敦煌乐舞华章。

为了让读者对敦煌乐舞有个相对清晰的认识，我们根据学界研究成果，将敦煌莫高窟的乐舞发展历史大致分为早、中、晚三个时期，下面是对各阶段的特点进行的简单梳理。

早期——北凉、北魏、西魏、北周时期

莫高窟早期乐舞代表性的洞窟有建于北凉的第268、272、275窟，建于北魏的第259窟，建于西魏的第249、285、288窟，建于北周的第428窟等。在此阶段，乐舞构图相对单一，乐器种类少，多为单身舞者的动作展现，人物形象大都稚拙古朴，动作刚健奔放，带有明显的西域及北方游牧民族的风格，有些也还有印度、尼泊尔的风格。如在北

敦煌莫高窟

伎乐飞天　莫高窟第428窟　北周

凉、北魏时期，窟内四壁上部绕窟一周的天宫伎乐身着西域式袈裟和披巾长裙，身体裸露则是典型的印度风格。北魏时期，孝文帝改革促进了民族间的交流与融合，反映在壁画乐舞造型上，中原地区秀骨清相、褒衣博带的造型增多。秀骨清相，说的是人物造型清秀，而褒衣博带是说人物穿宽袍、系阔带。

中期——隋、唐时期

隋朝虽然只存在了短短的三十多年，但是在莫高窟新建了九十四个洞窟。隋代的莫高窟壁画艺术在形式、技法和风格上，以汉晋文化为基础，吸收外来文化精粹，逐渐探索创造出了新的艺术风格。如建于隋代的第305窟，整个窟顶天花如雨、流云飞动，飞天翱翔其间，极具艺术感染力。

同样建于隋代的第427窟，绕窟一周共有一百零八身飞天，姿势多样，体态轻盈，系隋代飞天之代表作。

唐代乐舞以巨幅描述佛经内容的经变画中的相关图像为代表，大多气势恢弘，富丽堂皇，而且题材大为拓展。建于初唐的第220窟，南壁阿弥陀经变和北壁药师经变各有人物百余人，场面宏大，色彩绚丽，楼台水榭，灯楼灯轮，明亮辉煌，上有飞天散花，中有佛祖说法，下

飞天　莫高窟第305窟　隋代

飞天　莫高窟第427窟　隋代

有舞乐献艺，池中有化生童子嬉戏。北壁药师经变两侧有28人组成的大型乐队，箫、瑟、鼓、琴等十余种乐器，气氛热烈欢快。

晚期——五代、西夏、宋、元时期

五代时期，敦煌设立了画院、伎术院，民间也成立了画行，形成了院派特色。在画院画师或画行画匠的率领下，经变画中的乐舞形象逐渐形成了统一的风格，尽管在构图、画技、形象描绘上沿袭前代，较少创新，但在乐舞图像的绘制上，也不排除个别佳作，如元代第3窟南、北壁上的飞天形象，姿态婀娜。

我们将通过下面的章节，带你一步步走进敦煌丰富多彩的乐舞世界。

飞天　莫高窟第3窟　元代

XIEGEI
QINGSHAONIAN
DE
DUNHUANG
GUSHI

写给青少年的
敦煌故事

妙音篇

伎乐天吹奏天籁之音

在了解本篇内容前，我们先需要弄清楚乐伎、舞伎和伎乐的概念。乐伎，是指音乐演奏者；舞伎，是指舞蹈表演者；伎乐，则是演奏乐器所产生的音乐，它包括乐器和演奏者两个方面。敦煌壁画中，根据演奏场所，大体可以将音乐分为两种：一种是在佛国天宫演奏的音乐，即天乐；一种是在现实生活中演奏的音乐，即俗乐。在天宫中奏乐者称为伎乐天，在俗世奏乐者称为伎乐人。

在佛教文化中，音乐供养是佛供养的一种形式。在莫高窟壁画中，天宫音乐主要出现在经变画和说法图中。经变画是佛画的种类之一，从字面来理解，就是把“经”“变”成“画”，通俗地讲，就是将某一部乃至几部有关佛经之主要内容组织成首尾完整、主次分明的大画。通过图像来演绎某部佛经的思想内容，是为了让信众能理解佛经教义，从而达到推广和传播佛教文化的目的。说法图，是莫高窟壁画的一种题材，内容是以佛说法为主体，左右有胁侍菩萨、弟子、天龙八部护法围绕听法，背景通常只有简单的宝盖和树木，间或有莲花水池。

一般来说，伎乐天主要有天宫乐伎、飞天乐伎、化生乐伎、护法神乐伎和经变画乐伎等种类。乍一看，是不是有些眼花缭乱？其实，不同类型的乐伎，其辨识度还是很高的，下面我们就逐一来了解。

天宫乐伎

根据佛经，凡佛国上界一切从事乐舞活动的菩萨、神众，都可称为天宫乐伎。在早期的莫高窟洞窟中，大多在窟壁上部，围绕窟顶常绘有一圈手执乐器和舞具的音乐舞蹈形象，这些形象被置于一个个形如半圆窗的画面里。他们习惯上被称为天宫伎乐，是西方世界里娱佛、供养佛的音乐舞蹈之神。他们姿态各异，一般做出大幅度扭腰出胯姿

天宫乐伎　莫高窟第435窟　北魏

态，头颈、身体主干呈“S”形，动作舒展奔放，既有印度舞风，又兼有北方游牧民族粗犷豪放的气质。

看上述图片，你可能会困惑，如何分辨哪个是乐伎，哪个是舞伎呢？有一个简单的区分方法：手持乐器演奏者是乐伎，做出明显舞蹈动作者是舞伎。天宫乐伎是敦煌早期壁画中的一种固定形象，从北凉经北魏、西魏、北周，一直延续到隋代。此后，这种形式逐渐消失，被飞天乐伎代替。

飞天乐伎

飞天乐伎是指持有乐器的飞天。据学者统计，莫高窟持有乐器的飞天有六百余身。飞天来自印度，与佛教一起传入中国。早期的飞天为男性特征，所持乐器种类不多。隋代的飞天逐渐由男性转为女性，其所持乐器的品种也逐渐增多。唐代是飞天创作的极盛期，在巨幅经变画中，飞天数量众多，所持乐器种类丰富，绘制也非常精美。五代之后的飞天创作处于衰落期。我们在后面会有专门的篇目介绍飞天，此处就不详细展开了。

化生乐伎

“化生”是佛教“四生”（即胎生、卵生、湿生、化生）之说的一种，说的是无所依托，借“业力”（指不可抗拒的善恶报应之力）而出现者。在佛教中往往用莲花寓意化生。敦煌壁画中，化生乐伎有化生菩萨乐伎和化生童子乐伎两种。一般站立或坐于莲花上手持乐器奏乐者，都可以将之称为化生乐伎。

化生童子乐伎　莫高窟第285窟　西魏

化生乐伎一般出现在龛楣、壶（kǔn）门和经变画的说法图中。如莫高窟第285窟的化生童子乐伎就位于龛楣中心，中间是两臂交叉于胸前的领舞者，左右两边对称排列着乐伎和舞伎，有的奏乐，有的舞蹈，有的持花，皆为莲花之上的造型。壶门是一种佛教常用的佛龛，在唐以后的壁画中，在佛龛下部，或在佛像的坐床，常画出许多方格，每个格子里画

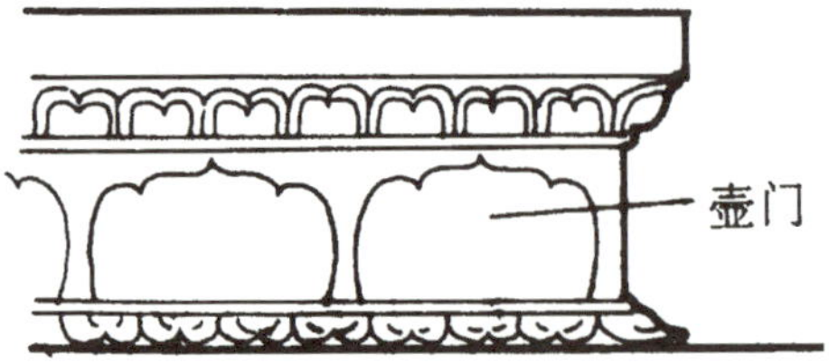

壶门示意图

一到两身梳有双髻的童子形象。而在经变画中说法图的礼佛乐队前，常绘有莲池，有裸身儿童在水中嬉戏，这也属于化生乐伎，不过他们一般手中不拿乐器。

护法神乐伎

护法神乐伎包括天王乐伎、金刚力士乐伎、药叉乐伎和迦陵频伽乐伎。其中的药叉乐伎和迦陵频伽乐伎的辨识度也很高。药叉乐伎身材短粗，光头，上身赤裸，只穿一短裤，光腿，赤足，做半蹲状，舞蹈动作剽悍有力。有时在其行列中，还夹杂着兽首人身的药叉，更增添了怪诞神秘的色彩。

迦陵频伽是佛教中的妙音鸟，其形象是人首鸟身，在佛典中主要

药叉乐伎　莫高窟第249窟　西魏

迦陵频伽吹横笛　莫高窟第172窟　盛唐

以歌颂和赞颂作为主要职能。在敦煌壁画中，迦陵频伽大多以奏乐的形象出现，被称为迦陵频伽乐伎。莫高窟中的迦陵频伽乐伎形象主要出现在唐代洞窟壁画上，一般绘制在洞窟的藻井、佛龛和经变画中。据学者统计，在莫高窟持乐器的迦陵频伽共有八十余身，一般在主尊佛的下方，礼佛乐队的两侧或前方，对称排列。与礼佛乐队相似，有时单独成为一组，只是阵容略小，往往中间一二身起舞，左右各一二身手持乐器伴奏。

迦陵频伽乐伎的头部有发髻或花冠，胸前挂璎珞，手腕戴钏镯，双手持乐器做演奏状，胸部以下为流线型的鸟类外形，双翅展开，鸟腿、跗跖（fū zhí，鸟类的腿以下到趾之间的部分）和爪的形象逼真。迦陵频伽乐伎有一首一身的，也有二首一身的。二首一身者，也称共命鸟。

共命鸟与孔雀　榆林窟第25窟　中唐

经变画乐伎

经变画乐伎由胁侍菩萨乐伎、文殊普贤经变乐伎、礼佛乐队乐伎、故事画乐伎组成。在经变画中，佛端坐中央，众弟子胁侍菩萨，列于左右，表示专注听法。胁侍菩萨乐伎一般不持乐器，也有少数持乐器的。文殊普贤经变乐伎则是在文殊、普贤像外沿一组演奏乐器的乐伎，通常站立演奏，所绘乐伎人数不等，所持乐器也不相同，也有不画乐器而持花的站立者。研究者推测这是画工因地制宜、随意创作的结果。

在经变画的说法图中，都有乐舞表演的画面。由于说法图大小不等，绘制的精细程度不同，其中礼佛乐队的规模、阵容也不相同。一般在整幅图的下部有一个平台，类似今天的舞台，中间为舞伎表演，两侧即为礼佛乐队。礼佛乐队最早见于隋代壁画，系小型乐队，进入初唐，开始出现大型的乐队。

故事画乐伎出现在壁画中绘有故事情节的乐舞图像中，此类乐伎比较零散，规模不大，往往一组仅有一二人，大多为即兴表演，比较真实地反映了当时民间乐器演奏的习俗。

读完本篇后，相信你对天宫乐伎已经有了一些了解，以后碰到这些乐伎形象时，大概也能分辨一二吧。

文殊变乐伎　莫高窟第159窟　中唐

伎乐人演绎世间烟火

看完那些活跃在天宫的乐伎形象后，我们再来看看人间的乐伎。伎乐人一般有供养人乐伎、出行图乐伎、婚嫁图乐伎和宴饮图乐伎几种，多见于供养人画像、出行图、婚嫁图和宴饮图中。伎乐人在数量上远不如伎乐天多，但比较写实，通过他们，我们可以了解敦煌各个历史时期的社会风俗和乐舞风貌。

供养人乐伎

相信不少人在欣赏敦煌壁画时都会有一个疑问：这些壁画是由什么人绘制的？开窟和绘画的钱又是从哪里来的？开窟造像可是一件费工耗资的事。

敦煌壁画的绘制者是当时的一些画匠、画工，他们长年累月从事壁画绘制，其中也不乏技艺高超的名家。开窟和绘画的钱除了官府支拨的外，大多是由信众出资，这些人被称为供养人。供养人为了表明自己一心向佛，常依据佛经的要求和自身的主观意愿，让画工绘制出

树下奏乐起舞供养人伎乐图　莫高窟第297窟　北周

大量的乐舞形象来礼佛。如建于北周的莫高窟第297窟中就有一组《树下奏乐起舞供养人伎乐图》。

在这幅壁画的右边，是三位男子组成的小型乐队正在为两位舞伎伴舞。从右往左，这三人依次吹角、弹琵琶、弹箜篌。两位舞伎为女性，穿圆领窄袖筒裙，下着细腿裤，是典型的胡服装扮。左右舞伎皆双手高举过头做五指交叉状，左面的舞伎侧身向右扭，右面的舞伎吸右腿，面向左做移颈动作，两位舞伎皆扭腰出胯，摆出“S”形造型，这些动作展现了河西走廊少数民族民间舞的风貌。

出行图乐伎

出行图通常是有权势的窟主为自己树碑立传而绘制的，在出行图中一般有仪仗、伎乐等表演。在莫高窟壁画中，比较著名的出行图有莫高窟第156窟南、北两壁下部的《张议潮统军出行图》《宋国河内郡夫人宋氏出行图》，莫高窟第100窟南、北两壁下部的《曹议金统军出行图》《回鹘公主出行图》等。下面对《张议潮统军出行图》《宋国河内郡夫人宋氏出行图》作个简单介绍。

唐朝安史之乱（755—763）后，吐蕃乘机侵占了唐朝西北边疆。

建中二年（781），吐蕃攻占沙州（今敦煌）。大中二年（848），沙州将领张议潮乘吐蕃内乱时率众起义归唐。此后，相继收复了瓜州及河西其他地区，使一度中断的丝绸之路重新畅通。唐王朝在大中五年（851）敕封张议潮为河西十一州节度使，驻节敦煌。《张议潮统军出行图》反映的是张议潮于咸通二年（861）攻占凉州后率行军仪仗出行的真实场景。画面由右至左主要由三部分组成：前部为仪卫，中部为节

《张议潮统军出行图》 莫高窟第156窟　晚唐

《宋国河内郡夫人宋氏出行图》 莫高窟第156窟　晚唐

度使张议潮坐骑及随从，后部为骑射列队。前部仪卫部分又可分为鼓吹前导、舞伎方队和乐伎方队。鼓吹前导为八人编制，四个画角，四面大鼓，用于表现军容威仪和导引出行。乐伎方队由十二身乐伎组成，以打击乐器为主体，弹拨与吹奏乐器数量较少。整个画面旌旗招展、鼓角齐鸣，气势威严雄壮。

《宋国河内郡夫人宋氏出行图》与《张议潮统军出行图》相对。宋国河内郡夫人是张议潮的夫人。整个画面以歌舞百戏为先导，后有肩舆（轿子）和一辆极为豪华的马车，另有箱包等行李。此图有两组乐队，一为百戏伴奏，一为舞蹈伴奏，乐伎共有七身，以前排四身、后排三身纵向排列。演奏着笙、横笛、琵琶等乐器。百戏场面中一个大力士头顶长竿，竿上攀着三个做各种动作的童子。整个画面欢快轻松。

婚嫁图乐伎

在现存的敦煌壁画中，保存着四十余幅古代婚嫁图。敦煌学专家经过研究发现，这些婚嫁图是我国现存数量最多、内容最为丰富的古代婚俗图像资料。婚嫁图是根据弥勒经变反映佛国世界女人出嫁的场景，实际上却折射出人间婚嫁的内容。在唐代，乐舞助兴是庆贺婚礼的习俗，画工以现实生活中的婚礼仪式为素材，巧妙构思创作出了一幅幅充满浓郁生活气息的画面，形象地记录了古代的婚嫁习俗。

绘于盛唐时期的莫高窟第445窟北壁下部左侧的婚礼图，是弥勒经变婚嫁图的代表作之一。图中在宅第门外设帷帐及“青庐”。“青庐”也被唐人称作“百子帐”，就是在屋外选择吉地用青布搭帐篷做的新房。帐内宾客对坐宴饮，帐前正举行婚礼，新郎在跪拜宾客，新娘盛装，

青庐图　莫高窟第148窟　盛唐

与傧相侧立于旁，侍婢往来忙碌其间。在乐伎伴奏下，一人正在独舞，扬臂抬腿，举目弯腰，做民间常见的贺喜动作，整个画面洋溢着欢乐喜庆的气氛。有的壁画中则还有不同民族的宾客在婚宴中观赏乐舞的动人场景。

宴饮图乐伎

宴会中用歌舞助兴在我国由来已久，并由此形成了宴饮中的乐舞文化。西周时，周王室在宫廷的宴会中，演奏“雅乐正声”，士族宴饮时且歌且舞是常态，民间酒肆中也常有歌舞助兴。在莫高窟壁画中，

婚宴舞图　莫高窟第445窟　晚唐

民间宴饮乐舞图　莫高窟第360窟　中唐

宴饮图也是表现乐舞的一种形式。如莫高窟中唐第360窟维摩诘经变下屏风就绘有宴饮乐舞图。在小酒馆之中有一长桌，长桌两侧坐人宴饮聚会，座中人用拍板、箜篌和胡琴伴奏，一位男子双袖挽起，两臂舒展，两手握拳，左足踏地，右腿屈膝上提，似乎正在做旋转之类的动作。此画面生动描绘出古代聚餐中歌舞助兴的场景。

莫高窟壁画中的供养、出行、婚嫁、宴饮等场景中的乐舞表演，取材于现实生活，反映了世俗生活中的种种情形，为敦煌壁画增添了世间的烟火气息，成为一道亮丽的风景。

琳琅满目的乐器陈列馆

敦煌莫高窟可称得上是一个琳琅满目的“乐器陈列馆”，虽然这些乐器所演奏的妙音我们已经无法听到，但莫高窟壁画为我们保留了这

些乐器珍贵的图像资料。郑汝中研究员在《敦煌壁画乐舞研究》一书中曾做过统计，敦煌莫高窟壁画上共有各种乐伎三千余身，有大小不同的乐队约五百组，共出现乐器四十四种，四千五百余件。这组数据说明了敦煌壁画中乐器类型之丰富与数量之庞大。

敦煌壁画中的乐器主要出现在以下一些场景中：天宫与世俗乐舞中乐伎手持乐器演奏的场合；系有飘带飘浮于空中的“不鼓自鸣”乐器，寓意为天宫仙乐自鸣于浩瀚天空，表现佛国天界的欢乐和对佛的礼赞；作为法器出现的乐器，如天王所持琵琶、力士所持金刚铃等，表示佛法的威力，有威慑镇压之意；绘于《华严经》经变图中的诸多小乐器，表示一粒尘土、一滴水所反映的大千世界万物景象等。

郑汝中研究员将壁画中呈现的乐器大致分成吹奏、弹拉和打击三

天乐不鼓自鸣　莫高窟第321窟　初唐

类，其中吹奏乐器有横笛、凤笛、竖笛、异形笛、筚篥（bì lì）、排箫、笙、角、画角、铜角、海螺、埙（xūn）、贝等，弹拉乐器有琵琶、五弦、葫芦琴、阮（ruǎn）、琴、筝、箜篌（kōng hóu）、凤首箜篌、胡琴等，打击乐器有腰鼓、毛员鼓、都昙鼓、答腊鼓、羯（jié）鼓、节鼓、担鼓、齐鼓、鼗（táo）鼓、鸡娄鼓、大鼓、军鼓、手鼓、扁鼓等。我们可以根据杨森研究员所绘的乐器图大致了解一下这些乐器的形制。

如此琳琅满目的乐器，是不是感觉有些眼花缭乱呢？其实，莫高窟壁画中乐器的绘制也经历了一个数量由少到多、种类逐渐丰富的过程。在早期开凿的洞窟中，乐器的数量与种类都比较少。如，北凉第272窟，只绘有琵琶、横笛、贝和横鼓四种乐器。其后，经过北魏、西魏、北周的发展，壁画中的乐器数量有所增加，不过种数也就十来种。隋代是敦煌地区佛事活动兴旺的时期，这个阶段壁画上描绘的乐器品种、数量较前代大大增加。唐朝是我国乐舞发展的高峰期，在大型经变画中，乐器数量不仅庞大，壁画中还新出现了三十余种乐器，如葫芦琴、花边阮、弯颈琴、凤首箜篌、扁鼓、铜角等，形制也十分精美。

在图片中，你是不是也发现同一乐器的形态是逐渐演变、发展着的？就拿角来说，它原为西北少数民族的乐器，最初是用牛、羊角制成，形态和功能十分简陋。角大约在汉时传入中原，开始在鼓吹乐中使用。在汉魏时期，出现了形制比较大的曲形角和人工制造的号角。唐宋时期，角为竹筒状，用竹木或皮革制成，长五尺，广泛用在仪仗队和军营中。像我们前面提到的《张议潮统军出行图》中，就能看到它的身影。后来角进一步演变，成为铜角，这是铜管乐器的前身。

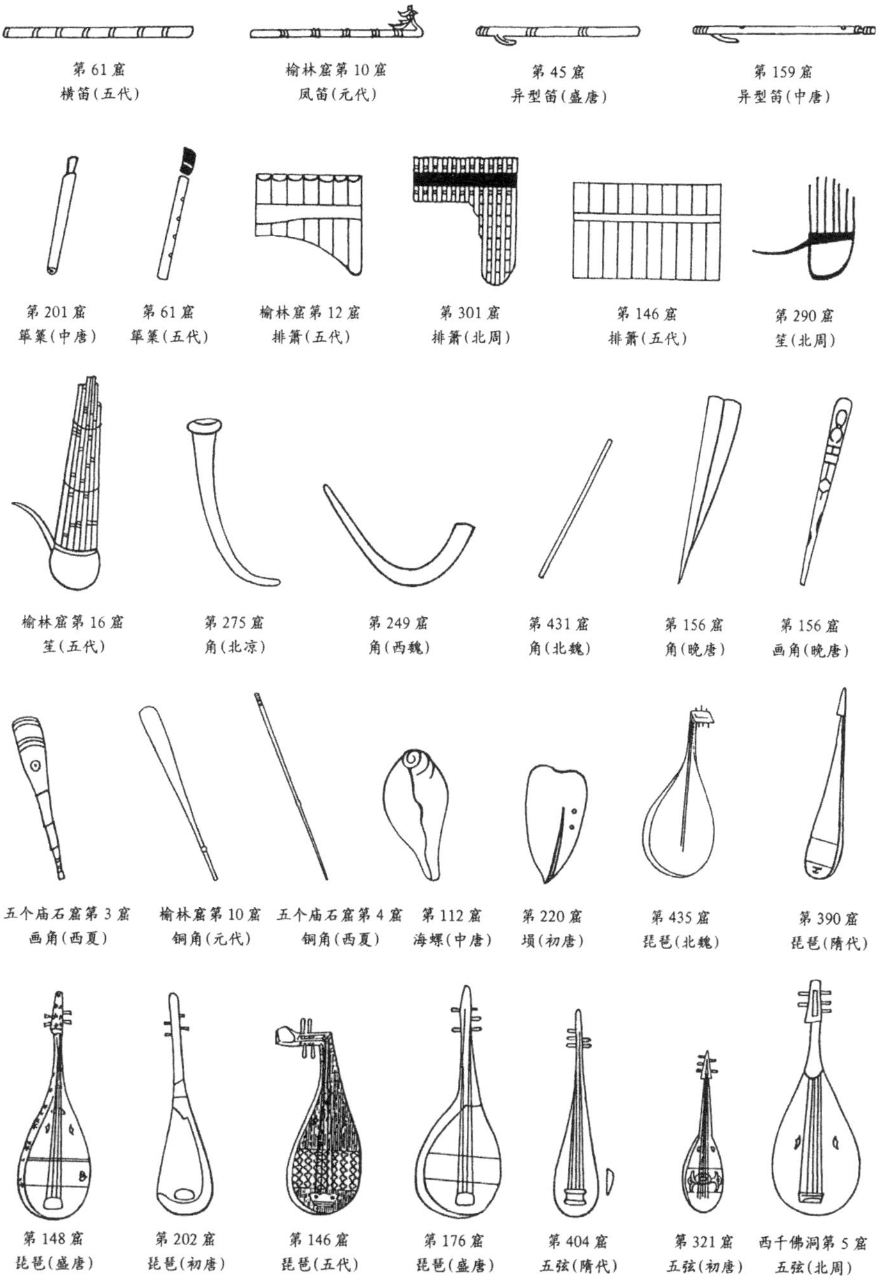

乐器一（图片选自《敦煌学大辞典》 杨森　绘）

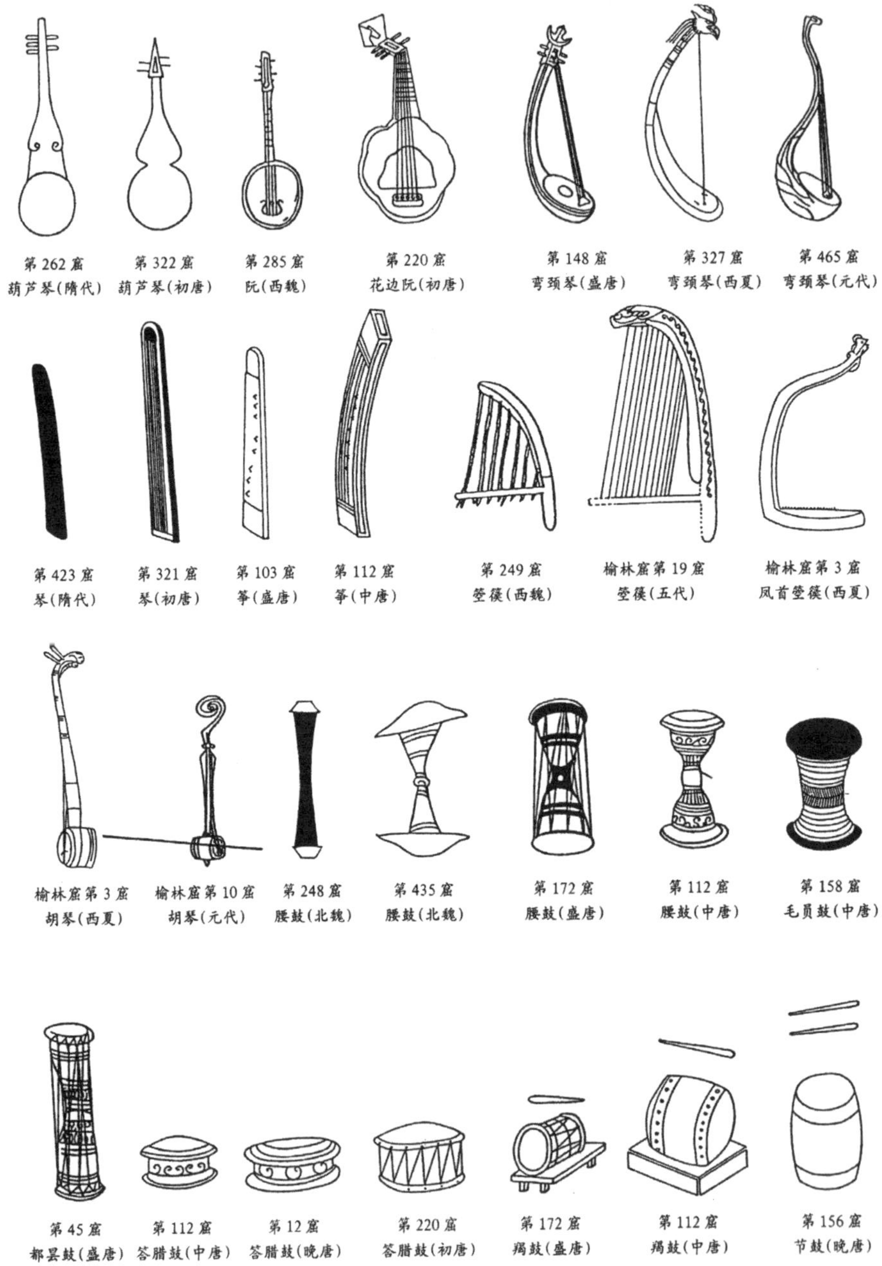

乐器二（图片选自《敦煌学大辞典》 杨森 绘）

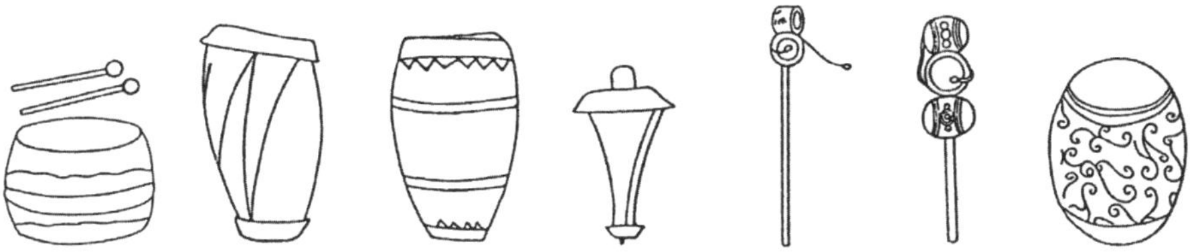

榆林窟第 38 窟 节鼓（五代）　第 431 窟 擔鼓（北魏）　第 288 窟 擔鼓（西魏）　第 285 窟 齐鼓（西魏）　第 112 窟 鞉鼓（中唐）　榆林窟第 3 窟 鞉鼓（西夏）　第 321 窟 鸡娄鼓（初唐）

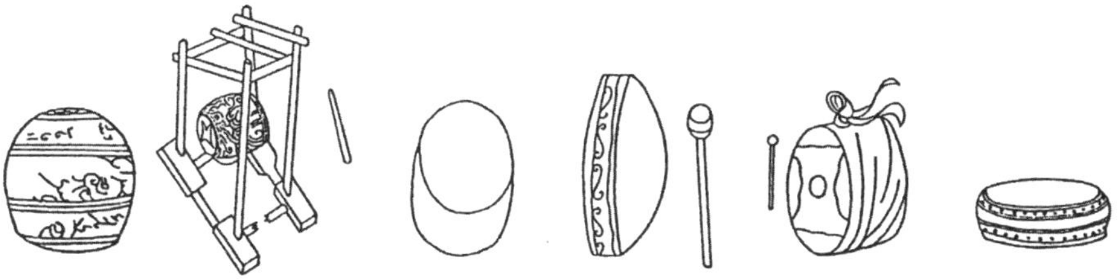

第 112 窟 鸡娄鼓（中唐）　第 9 窟 大鼓（晚唐）　第 156 窟 军鼓（晚唐）　第 351 窟 手鼓（五代）　榆林窟第 10 窟 手鼓（元代）　榆林窟第 3 窟 扁鼓（西夏）

第 390 窟 方响（隋代）　第 220 窟 方响（初唐）　第 154 窟 铙（中唐）　第 360 窟 铙（中唐）　第 220 窟 钹（初唐）　第 220 窟 拍板（初唐）

榆林窟第 10 窟 拍板（元代）　第 9 窟 钟（晚唐）　五个庙石窟第 3 窟 钟（西夏）　第 220 窟 锣（中唐）　第 138 窟 串铃（晚唐）　第 3 窟 金刚铃（元代）　榆林窟第 4 窟 金刚铃（元代）

乐器三（图片选自《敦煌学大辞典》 杨森　绘）

梨形琵琶　莫高窟第435窟　北魏

敦煌壁画中的很多乐器在今天已经消失了，有时即使是同一名称的乐器，它的形状也千差万别。如，琵琶，据学者统计，在莫高窟壁画中绘有七百余只，居所绘诸种乐器之首位，可以说，几乎画有音乐形象之处，就有琵琶出现。但也能看出它们的形状并不相同，这在于琵琶在古代是一个泛称，文献上将汉族和少数民族的各种弹拨乐器都称为琵琶。

汉代的琵琶，指的是圆形的阮，东汉晚期已出现梨形的样式，魏晋南北朝以后琵琶的形制趋向定型，但称谓逐渐混乱，直到唐代，琵琶的名称才开始固定下来，圆形的被称为阮咸，梨形的则被称为琵琶。乐器自身有个发展演变的过程，另外，画工在创作过程中也加上了自己的想象，于是就出现了形制各异、真假混杂的复杂情况。

胡风、胡乐与胡器

我国古代把西北边地和西域诸国的少数民族称为“胡人”。“胡风”就是指“胡人”的文化艺术风格、社会风情和生活习俗等。

随着丝绸之路的开通，“胡风”吹入中原。东汉灵帝（168—189年在位）时，西域的用具和乐舞等曾在中原盛行一时。据《后汉书·五行志》载：“灵帝好胡服、胡帐、胡床、胡坐、胡饭、胡箜篌、胡笛、胡舞，京都贵戚皆竞为之。”这种风气的形成，一方面是由于皇帝本人的好尚，更重要的还是因为当时西域与中原交往频繁，人们对西北各族独具风格的乐舞文化及其生活用具产生了浓厚的兴趣。十六国时期，随着匈奴、鲜卑、羯、氐、羌族的内迁，民族交流与融合规模空前，“胡风”逐渐拂及中原大地。唐

穿着胡服的唐人

朝实行开放、兼容并包的国策，使“胡风”更加盛行，成为唐代文化艺术史上最富特色的时代风格。胡乐、胡器则是与“胡风”的传入与盛行相始终的。

张骞出使西域时，曾得到一曲《摩诃兜勒》，带回长安。学者推测《摩诃兜勒》源自河西羌人，起初以羌笛为主，羌笛是用羊腿骨或鹰翅膀骨制成的笛子。后在以羌笛曲为主的基础上加入胡角曲中的“双角”，因而也就变成所谓的“胡乐”，与河西走廊一带原有曲调便有了显著不同。张骞将之带入长安后，宫廷乐手李延年在此基础上新谱写了二十八章乐曲，用于军队的表演中，对后世的军乐产生了很大影响。

北周武帝娶突厥公主阿史那氏，大量的西域乐人随着公主来到中原，特别是著名的龟兹（今新疆库车）乐人苏祗婆不仅带来了完整的乐队，而且把西域琵琶“七调”的理论带入了中国，极大地丰富了中国的传统音乐。

唐代中国音乐舞蹈发达，唐高祖时制定了“九部乐”，太宗时期又改定为“十部乐”。这“十部乐”分别是：燕乐、清商乐、西凉乐、天竺乐、高丽乐、龟兹乐、安国乐、疏勒乐、康国乐、高昌乐。除了燕乐与清商乐属于中原音乐外，其余八部都是外来的或少数民族风格的音乐。对外来音乐文化的吸收、融合，体现出唐朝强大的国力和文化的繁荣。

以“十部乐”中的西凉乐来说，我国古代文献中早就有记载。西凉指西北地区，它介于中原和西域之间，“西凉乐”是北魏太武帝拓跋焘平凉州（今甘肃武威）后得到的，它是融合西域龟兹乐舞和中原汉民族的传统乐舞而形成的西凉地方乐舞。这种由“凉人所传中国旧乐，而杂以羌胡之声”的西凉乐，数百年来盛行不衰。在敦煌壁画中，某些表现地方风俗的乐舞场面，正是西凉乐的实况，这与文献记载可以相互印证。特别是供养人世俗乐舞图像，从其形式、人物外貌、服饰上，都可以看到西北地区鲜明的风俗特征。

唐玄宗时，将宫廷乐舞编为“坐部伎”与“立部伎”两类，各有固定的表演内容。“坐部伎”由六部乐舞组成，演奏丝竹细乐，舞者三人至十二人，规模较小，风格清雅；“立部伎”由八部乐舞组成，规模较大，以鼓与金钲伴奏，舞者六十人至一百八十人，气势雄壮。盛唐时期，又规定将传统“先王之乐”作为雅乐，用于宫廷礼仪；将融入“胡部”乐的乐曲作为宴乐。从这些乐曲中足见唐代统治者对于外来音乐艺术的包容与喜爱，也可以看出唐朝音乐受到了强烈的“胡风”影响。

1955年陕西西安出土的乐舞陶俑，以唐代“坐部伎”为模本创作

与“胡风”“胡乐”流行的同时，西北少数民族用于演奏乐曲的“胡器”也汇入了中华音乐的大舞台。《隋书·音乐志》中就曾记载，隋时的曲项琵琶、竖头箜篌等，都来自西域，并非华夏原有的乐器。而其中“匈汉合璧，琳琅满目”这八个字就是说明匈奴人（其实不仅是匈奴）的乐器种类繁多，大大丰富了华夏的乐器。这些乐器，按演奏方法大体可分为吹奏、打击和弹弦三大类。吹奏乐器有角、横笛、短笛（胡笛）、排箫（奈伊）、口弦（口簧）和胡笳（jiā），打击乐器有鼙（pí）鼓、青铜方钟和铜铃，弹弦乐器有胡箜篌、琵琶、库木（牧）孜等。

中国的竖箜篌当是随印度佛教文化经西域进入中原的。这种乐器虽源于西方，但在中国流传千年，逐渐被改造，成为中国民族乐器。敦煌壁画中箜篌图像有很多，仅莫高窟就绘有二百余只。这些箜篌大

持凤首箜篌伎乐天　莫高窟第327窟　西夏

演奏大箜篌　莫高窟第112窟　中唐

致有两种形制，一为大箜篌，约有120厘米高，脚柱立于地上，演奏者踞坐（坐时两脚底和臀部着地，两膝上耸），抱置胸前，两手弹奏，边框彩绘华丽，有团花、团龙、团凤等纹样，有的头部绘凤首形，弦数较多，但数量不定；小箜篌比大箜篌小一半，框架下部有一把柄，左手持举，右手弹奏。小箜篌亦有彩绘图案，十分精美。

胡风、胡乐与胡器正是我国各民族之间乐舞交流与融合的表现，正是这种交流与融合形成了我国风格多元、特色鲜明的乐舞文化。

敦煌的『歌者』——音声人

音声人是唐、五代时期对音乐艺人的统称。在敦煌文献中可见的音乐活动，主要以寺院设乐和官方组织为主。敦煌学专家姜伯勤教授依据敦煌文献反映的设乐活动，将音声人分为寺属音声人和乐营音声

橦技图　莫高窟第85窟　晚唐

天王画像　榆林窟第15窟　中唐

人两种。作为敦煌地区的“歌者”，音声人是怎么产生的？都有哪些职责？他们在社会中的身份和地位是怎样的？本节将带你走近音声人这个群体。

寺属音声人

寺属音声人的出现与寺院设乐活动有关。在唐代敦煌寺院中，经常在假日节庆举办设乐。设乐，是陈设音乐的简称，也就是举行音乐演奏活动。我国早在西周时期就已经形成了比较完备的用于祭祀等仪式的设乐制度。寺院中的设乐，主要功能是娱佛和礼佛。

在敦煌文献中，有寺院设乐的明确记载，如：唐朝都城长安的戏场多设置在慈恩寺；敦煌名寺龙兴寺在寒食节期间举行祈赛毗沙门天王的设乐活动；敦煌某寺在七月十五盂兰盆法会中举行设乐活动，并对乐人进行赏赐；不少寺院文书中有向音声人支付粮食、油料和酒的账目等。

按照唐代律令和正统的内律，僧人是禁止从事音乐演奏的，也不能储存乐器和供音乐演出的各种道具。但是寺院设乐等于说在寺院里设置了戏场和歌场，就需要有从事演出的人。通常有两类人担任演奏者：一类是宴请的教坊的乐人，一类是出动寺院本身训练的音声人，即寺属音声人。敦煌寺院设乐，主要由寺属音声人来担当。

姜伯勤教授在《敦煌音声人略论》一文中，叙说寺属音声人从事的活动主要有：节庆时在寺院歌场设乐，参加节日行事及祭祀中的音乐活动，在行像行列及宗教巡行中作仪仗，在宴饮时陈设音乐。

在魏晋时期，寺院是免征租税的。一些大的寺院，占有大量的田产，这样就会有一些没有户籍的贫苦农民依附在寺院里，称为寺户，靠种植寺院田产生存，同时要为寺院承担相应的力役和地租。寺属音声人也依附于寺院，他们属于半自由人，有土地，由于他们参加了寺院设乐活动，被寺院免去了其他寺户需要承担的力役和地租。

并不是每个寺院都有自己的音声人，那些没有自己的音声人的寺院，在举行设乐等活动时就要从寺外去请音声人了。

乐营音声人

乐营是唐代设置于诸道方镇和州县军镇的一类官属机构，乐营内部有较为完善的组织体系。乐营管理人员称为乐营使。乐营使是归义军府衙的下设职位，带有一定的军人属性，而且有时也有府衙其他军将兼任的情况。副乐营使协助乐营使开展工作，在乐营中的地位仅次于乐营使。

乐营的职能是满足地方各级官员和军士的公私娱乐、接待和宣传的需求。乐营内，音声人负责歌、乐、舞的表演，乐营教习负责乐营子弟训练、音乐曲调整理收集、曲调编排演练。

乐营音声人隶属官府，官府向音声人授田，也就意味着这类音声人要承担相应的赋役。编号为 P.2842《音声转帖》是归义军乐营使指派音声人服役的通知单。通知单用硬笔书写，笔迹比较潦草。它是敦煌官府于某年五月二十九日在某处毬场举行毬乐（毬乐是蹴鞠或马球活动中用于扬威助兴的演艺活动，类似于我们今天的啦啦队表演）的通知。通知中要求乐营音声人张苟子等18人携带“师（狮）子、水出、零剑、杂阳”等演出道具，务必于指定时间、地点集合，“如不到者，

昆仑奴舞狮图　榆林窟第25窟　盛唐

官有重罚”。

通知单中提到的“师子”是指舞狮皮具，“水出”指水衣、水旗等，“零剑”，也作“铃剑”，“杂阳”是出场时必须要带的杂物。“如不到者，官有重罚”，是指如果有旷工行为将由官府执行惩罚措施，这说明参加此类活动是具有强制性的。根据这条信息，学者推测这可能是音声人在平日需要承担的“役”。

形形色色的乐队

说起乐队来，大家也许都不陌生。现在一些学校就有管乐团、民乐团，大的有数十人甚至上百人，小的一把吉他、一位歌手，也可以组成个乐队。在莫高窟壁画中绘制的五百多组乐队中，乐队成员人数多少各异，乐器的配置多种多样，队列的安排也是五花八门。这些形

凌空吹笛的飞天　莫高窟第249窟　西魏

割肉贸鸽中的飞天伎乐图　莫高窟第275窟　北凉

形色色的乐队，有些是纯器乐表演，有些则是为歌舞伴奏。我们可以根据乐队人数和演奏方式、演奏场合，将之分为单身分散型、行进队列型和礼佛乐队型三种。

单身分散型。此种类型的乐队图像主要出现在北凉、北魏、西魏、北周等早期的敦煌壁画中。图中乐器简单，数量也少，多为天宫乐伎、飞天乐伎独奏，也有对奏者（如北凉第275窟伎乐图）。自隋代开始有了小型乐队合奏，如莫高窟第390、423窟，皆为绘制于隋代壁画中的小型乐队。在壁画中以单个或数个乐伎（有时夹杂在舞伎之中）出现，没有固定队形，也无一定模式，大都分布在石窟四壁的上、中、下部及窟顶上。

《张议潮统军出行图》（局部） 莫高窟第156窟 晚唐

《宋国河内郡夫人宋氏出行图》（局部） 莫高窟第156窟 晚唐

行进队列型。主要指站立或行进中的乐队，见于历史人物图、出行图、供养人乐队或文殊、普贤经变画中的仪仗乐队，前面我们提到的《张议潮统军出行图》《宋国河内郡夫人宋氏出行图》等，就有这种行进队列乐队的典型图像。《张议潮统军出行图》中的乐队集中在前部仪卫部分中的鼓吹前导和乐伎方队。鼓吹前导为八人编制，四个画角，四面大鼓，引导队伍有序出行，军容严整。乐伎方队由十二身乐伎组成，以打击乐器为主体，弹拨与吹奏乐器数量较少。这类乐器便于在行进中演奏，同时也易于表现军乐的雄浑气势。

礼佛乐队型。在经变画的说法图中，一般都有乐舞表演，这被称为礼佛乐队伎乐。大型经变画的主体是说法图，佛坐中央，侍从弟子、胁侍菩萨左右簇拥，另外还有天王、力士神将等。在说法图的下部，常有一平台，中间为舞伎表演，两侧即为礼佛乐队，一般左右对称排列，乐队人数不等，队形多样，有横排“一”字形、斜排“八”字形、混合四方形、三角形、菱形等多种排列形式，一般根据洞窟大小、画面布局灵活安排，每个乐队所持乐器也不尽相同。

我们在了解了乐队的规模和排列队形后，再来看看乐队中不同的乐器是如何配置的。

敦煌壁画中的乐器配置，基本上因地制宜，一组乐队，根据不同构图需要，大抵是各选一种乐器，显示花色品种多样、丰富。但在乐器的选择上也各有侧重，有以吹奏乐器为主的，也有以打击乐器为主的。一些乐队，打击乐、鼓类置于前沿，拍板居高处，管弦乐器集中靠拢，这说明画工有一定的音乐修养，在乐队排列时会考虑到音响、力度、音色等问题，然而绝大多数乐队的排列是杂乱无章、任意布置

观无量寿经变　榆林窟第25窟　中唐

报恩经变八人乐队　莫高窟第112窟　中唐

的。这是明显不同于现代乐队之处。

敦煌壁画的写实性在于它反映了各个时期的社会风貌，人们可以从中了解古代的生活方式、物品的形态和使用情况。但是，壁画毕竟是美术作品，它不是摄影，往往在写实的基础上会出现一定的想象、夸张、变形和虚构成分。因为不同时代的不同画工艺术手段不同、风格技法也不相同，或者受音乐知识的局限，也可能出现偏离真实的现象。在乐器形态上，所绘乐器大小比例、造型的准确程度也常有出入。

敦煌曲谱『密码』的解译

在现存的敦煌文献中，有三件藏经洞所出写本以文字或符号的方式记录和反映与音乐相关的内容。这三件曲谱1908年被法国人伯希和掠取，现藏于法国国家图书馆东方部。在《法藏敦煌西域文献》中的编号与定名分别为 P.3539V《乐谱》、P.3719V《浣溪沙曲谱》和

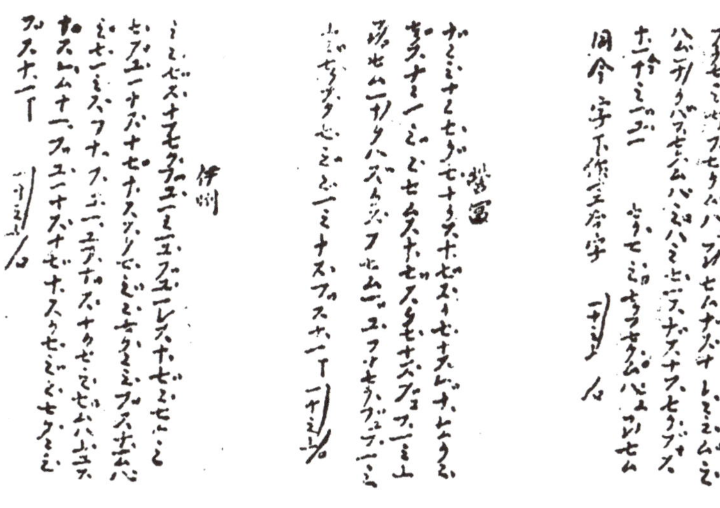

敦煌曲谱

P.3808V《琵琶谱》。曲谱中的 P 代表的是伯希和藏卷。其中 P.3808V《琵琶谱》，亦称《敦煌曲谱》《唐人大曲谱》《敦煌卷字谱》《敦煌琵琶谱》等，是我国迄今所见最早的曲谱。

一般来说，曲谱是记录乐曲和认识乐曲的工具，由于古代乐曲已大量失传，记录乐曲的记谱法也已被遗忘，解译《敦煌曲谱》便成为世界性难题。当代学者们如同福尔摩斯探案一样，依据仅存的史料文献进行了缜密的推理和研究，我们就来看看《敦煌曲谱》“密码”是怎样被解译的。

解译第一步 :《敦煌曲谱》上都有些啥?

P.3808V《琵琶谱》，是一手抄竖写的长卷，写卷的正面为《长兴

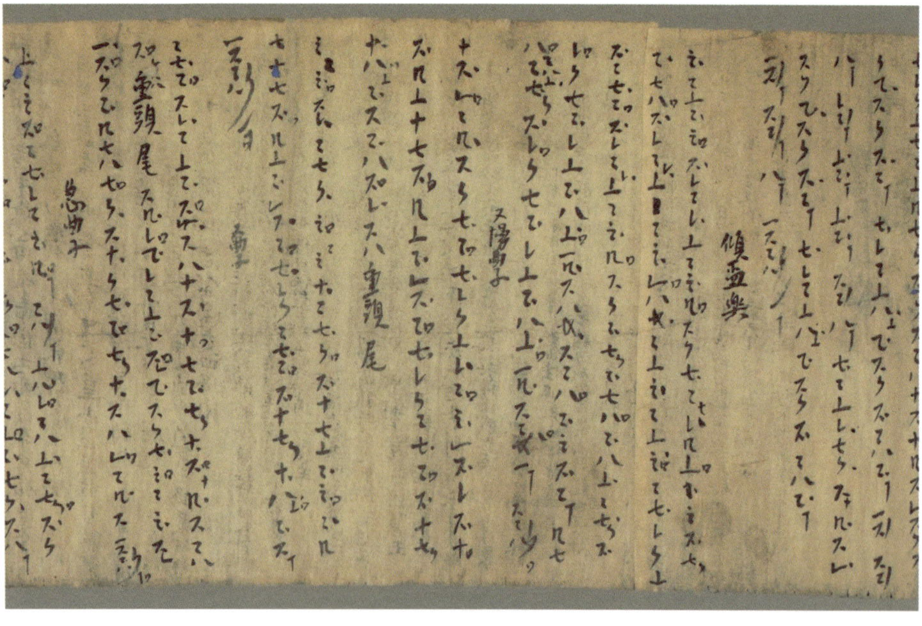

敦煌文献 P.3808V《琵琶谱》

四年（933）中兴殿应圣节讲经文》，背面为一种符号型曲谱，有25首分段曲谱，每首曲谱冠有词牌性的小标题，分别为《品弄》《弄》《倾杯乐》《又慢曲子》等，其中有几首曲名是重复的，但曲谱的内容并不相同。全谱记录谱字两千七百多个。谱字是用一些笔画很少的汉字或汉字的简略笔画，或类似汉字部首的音高符号来表示的，此外还附加了一些辅助性的汉字或点画类的标记符号。学者通过研究发现此曲谱所用的符号，仅少数与传世的几种曲谱符号有相同之处，更多的符号尚有待于解译。

看完上面的介绍，你是不是感觉一头雾水？这完全就是一部“天书”，依据这有限的信息，能“破案”吗？

解译第二步：如何断定它是琵琶谱而不是其他乐谱呢？

还记得我们在本篇开头提到的P.3539V《乐谱》和P.3719V《浣溪沙曲谱》吗？下面我们就来看看这两首曲谱在解译过程中都能派上什么用场。

我们先来看看这两首曲谱上都有哪些信息。P.3539V《乐谱》，又称为《二十谱字》，乐谱仅有两行谱字，谱字旁注有“散打四声”“头指四声”“中指四声”“名指四声”和“小指四声”，这些注文是记录指法的符号。

P.3719V《浣溪沙曲谱》，该谱残存三行，首行为：“浣溪沙慢二急三慢三急三”，二、三行中包括十一个谱字，其中十个与敦煌曲谱《二十谱字》相同。

《二十谱字》是学者赵元任先生在法国藏卷中首先发现的，1959

敦煌文献 P.3539V
《二十谱字》（部分）

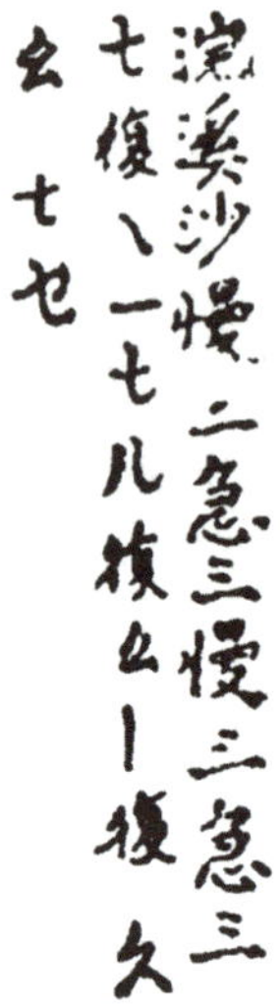

敦煌文献 P.3719V
《浣溪沙曲谱》残谱（部分）

年日本学者林谦三据之撰文，发表了对《敦煌曲谱》的解译。林谦三认为《二十谱字》对音位的记载十分明确，《敦煌曲谱》中二十五曲所有的音高谱字归并起来，也正好是二十个，而且其谱字的形态和现存几种琵琶谱字基本相同，于是得出《敦煌曲谱》当为琵琶曲谱的结论。1981年，我国学者叶栋也根据《二十谱字》断定敦煌曲谱为“唐人琵琶乐谱”，并依据此谱字来推算音高。此后，越来越多的学者认为《二十谱字》是解译《敦煌曲谱》的钥匙。

解译第三步：能否“复原”曲谱，并将之用于演奏的实践中？

研究古谱的一个重要目的是继承古代优秀音乐文化遗产，促进中外文化交流，这对建设和发展我国音乐文化事业也有积极的意义。数十年来，在解译古谱的道路上，中外学者进行了积极的探索与尝试。

1981年，叶栋教授发表《敦煌曲谱研究》一文，在国内外音乐学界引起强烈反响。叶教授在吸收林谦三、任二北等学者研究成果的基础上，将《敦煌曲谱》译成五线谱，使之成为可以演奏、有一定音乐效果的曲谱，并录成磁带。此后，何昌林、陈应时等先生也根据各自的理解，译出了曲谱。在对《敦煌曲谱》的理解和翻译方面，学者们见仁见智，正是这种学术争鸣推动了学术的发展和繁荣。

对于非专业的读者来说，《敦煌曲谱》读起来稍显吃力。之所以提到这些，也是为了说明作为一门世界性学科的敦煌学研究实属不易，研究者在文献资料短缺的情况下，为了推进研究的进展付出了艰苦的

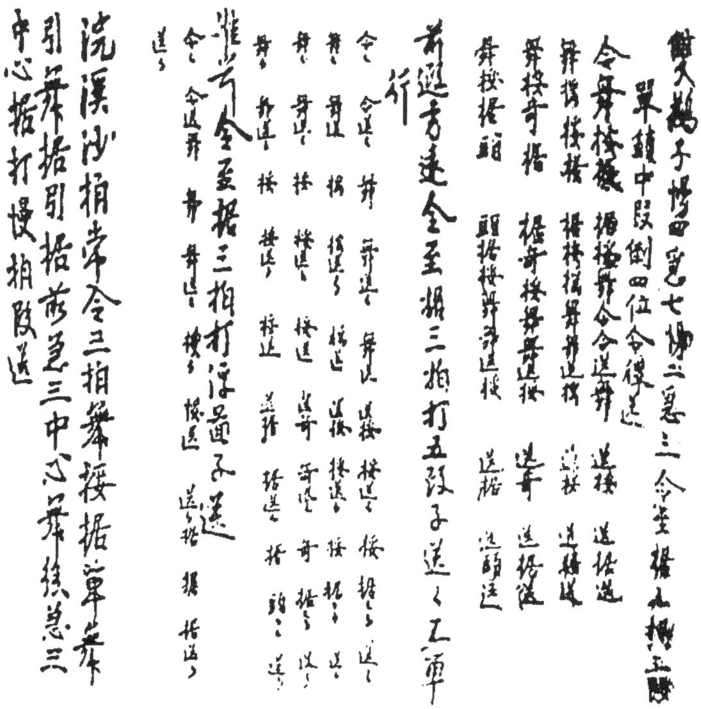

敦煌文献 P.3051《敦煌舞谱》残卷之一

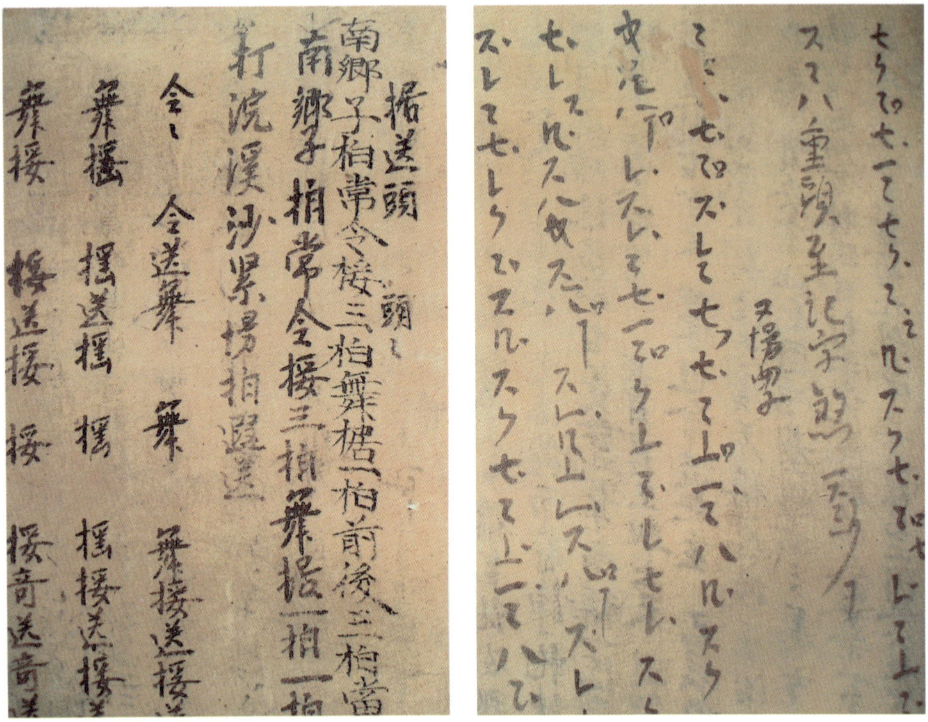

敦煌文献 P.3501《敦煌舞谱》(部分)

努力。与《敦煌曲谱》的解译过程类似,《敦煌舞谱》的破译也面临着同样的困境。《敦煌舞谱》是用汉字记录唐、五代时期酒宴中部分舞蹈曲名、动作和节奏的字谱,现在只有 P.3501、S.5643、P.3501残卷抄录六名十四谱,如何破译字谱,进而复原舞蹈,也是一个漫长而又艰难的探索过程,因为这个内容过于专业,我们就不再展开叙述。未来可期,希望正在读书的你,能找到解译这些“天书”的“密码”。

曼舞篇

丰富多彩的舞蹈形象

敦煌莫高窟壁画中的舞蹈，其主要功能是娱佛、礼佛，然而任何一门艺术，都不是凭空产生的，它来自生活，有着深厚的生活基础和艺术积累。敦煌舞蹈是丝绸之路中舞蹈文化交流的生动反映，既带有浓厚的地域特色，又与我国舞蹈总体的发展趋势相一致。与敦煌音乐一样，敦煌舞蹈也主要分为文献和图像两部分。前者主要指在莫高窟藏经洞发现的舞谱、绢画上的舞蹈形象等，后者指敦煌壁画中的舞蹈形象。鉴于“乐舞不分”的特点，莫高窟壁画中诸多的舞蹈形象在前面讲述音乐部分的内容时已有所涉及，在本篇中我们只概括介绍敦煌壁画不同场景中的舞蹈形象，在接下来各节的舞蹈专题中，将结合图像具体阐述敦煌壁画中的舞蹈类型、代表性的舞姿等。

敦煌壁画中的舞蹈形象，大体可归纳为四类，下面我们就来逐一作简单介绍。

表现人间社会生活、习俗风尚的乐舞场面和舞蹈形象

敦煌壁画中有不少直接反映世俗社会生活和乐舞的场面，可以帮助我们了解特定时期敦煌地区民俗风情和社会生活状况。据学者统计，莫高窟中有22个洞窟、33幅壁画属于此类题材。

在我国原始社会，就已经有了歌舞活动，如：祈求神灵护佑的原始祭祀舞蹈，反映相互掠夺、仇杀的战争舞蹈，反映狩猎活动的拟鸟兽舞蹈等，它深深植根于原始人类的生产生活中，反映着社会生活、习俗风尚。在青海同德县宗日遗址出土的新石器时期舞蹈纹彩陶盆上，有两组舞人纹饰，一边十三人，一边十一人，都穿着类似草裙的蓬松的裙子，手牵着手在跳舞。

夏、商、周时，乐舞向表演性方向发展。据史料记载，夏桀、商纣都喜欢欣赏盛大壮观、人数众多的乐舞场面，社会中出现了乐舞活动的

青海同德县宗日遗址出土的新石器时期舞蹈纹彩陶盆

专业艺人——乐舞奴隶。西周时期，神权统治逐渐演变为王权统治，乐舞的重要社会功能，不再是娱神、通神、求神，而是直接为周王的统治服务，强调其教化作用，以不同规格的乐舞作为划分不同等级的标志之一，在此基础上制定了一整套的礼乐制度。春秋时期的社会大变革，使西周建立的礼乐制度被破坏，这就是史书中常说的“礼崩乐坏”，民间舞兴盛。

其实，宫廷乐舞向下的流动代表着社会的进步，同时也给民间的音乐舞蹈注入了活力。敦煌壁画中一些乐舞图像表现的民俗场景，也生动地反映了当时民间乐舞之盛况。尤其是在唐代，与其说乐舞是一门综合艺术，倒不如说是带有全民修身性质的文化生活。上至帝王将相，下至黎民百姓，无不参与其中。

敦煌莫高窟晚唐第156窟《张议潮统军出行图》《宋国河内郡夫人宋氏出行图》等出行图，可以让我们了解唐时节度使出行时的仪

《张议潮统军出行图》中的舞人　吴曼英　绘

仗队、舞蹈规模、乐与舞的设置等。民间宴饮、婚嫁图中的乐舞，可以帮助我们了解当时的社会生活、婚嫁风俗等，它们都是极为珍贵的图像资料。

天宫仙界的舞蹈形象

在早期壁画中天宫仙界的舞蹈形象主要为天宫伎乐、金刚力士，多为男性造型，高鼻深目，带有浓厚的西域画风。有的光头，有的束髻，有的饰菩萨冠，有的半裸，有的穿袈裟，有的系裙披巾。他们一般比较容易区分，头上画有光环，以示为天人。做半身之舞蹈状，有正面、侧面、背面、俯仰，甚至倒立等形式，身体扭曲，手姿丰富，粗犷、稚拙、充满力量和男性阳刚之美。

莫高窟第272窟供养菩萨画像绘制于十六国晚期。这些菩萨或持花，或徒手，在莲花上或坐或跪，无一雷同，显示出听佛说法而欢欣鼓舞。天宫伎乐从隋代开始消失，其位置由飞天代替。

供养伎乐中的舞蹈形象

敦煌壁画在绘制供养人时，有时也绘制一些乐舞伎乐，这些就被称为供养人伎乐。供养人伎乐所占画面比较小，人数也不多，只具象征意义。如隋代第390窟，在窟的东南隅，绘制了一组乐舞伎，其中乐伎八人，舞伎三人，全为站立表演的女子乐舞，乐伎、舞伎高髻细腰，长裙委地，披有巾带，体态修长娟秀，舞态轻盈，具有很强的装饰性。前面我们曾经提过的北周第297窟，也有一组供养伎乐。

供养菩萨画像　莫高窟第272窟　北京

观无量寿经变　莫高窟第148窟　盛唐

经变画中的舞蹈形象

礼佛舞伎是大型经变画中的舞者形象。在经变画中，一般是佛居中心，周围有胁侍菩萨和弟子簇拥。背景中通常会描绘出祥云缭绕、宝幢经幡高扬、亭台楼榭美轮美奂、异兽珍禽应有尽有等景象，这也是为了渲染佛法庄严和极乐世界的美好。在壁画中心线的下方，有一平台，类似现在的舞台，中间有舞伎表演，两侧是伴奏的乐队。经变画中的乐舞，根据壁画大小绘制，有的场面宏伟，有上、中、下三层表演，如莫高窟第148窟。

礼佛舞伎有一人、二人、四人不等，不同时期所着衣饰、所持舞具、表演的舞姿也各有千秋。礼佛乐舞的场面，基本是隋唐燕乐、宫廷乐舞生活的写照，但规模不及宫廷之大。

礼佛舞伎一般都不是空手而舞，有持琵琶的（包括反弹琵琶之舞姿造型）、有击腰鼓的、有做弹指的、有持长巾彩带的、有持花朵的，还有不持物纯以手势舞蹈者，他们通过各种不同的舞蹈，向佛礼赞。

灵动多姿的飞天

在敦煌壁画中，最为人熟知和喜爱的，大概就是飞天的形象了。这些天男天女们，自由飞翔在佛国的天界，或手捧花果向佛奉献，或奏乐舞蹈，或撒落漫天花雨，因其灵动多变的造型、寄托祝福的美好寓意，飞天也被称为敦煌莫高窟的灵魂，是莫高窟的名片。

敦煌莫高窟第285窟，修建于西魏大统年间。在其南壁的上段壁画中，有十二身飞天排成一行，随着飘动的流云轻盈地飞翔于空中，或奏乐或散花，姿态优美，富有韵律。著名的敦煌学家段文杰先生将这些飞天分为三类：一类为敦煌模式的西域飞天；一类为传自中原的“秀骨清相”飞天，他们面相清瘦，或褒衣博带，大冠高履，或半裸披巾，在天花流云中歌舞飞翔；还有一类是从道家羽人演变的飞仙，长耳羽臂，半裸披巾，持节飞行，这是从羽人转变为飞天的过渡形象。

飞天的故乡是印度，他是随着佛教一同传入中国的。在古印度，飞天是乾闼（tà）婆与紧那罗的合称。“乾闼婆”，在古印度梵语里意为天歌神；“紧那罗”，意为天乐神。乾闼婆与紧那罗往往以夫妻的形象同时出现，弹琴歌舞娱乐于佛。

早期印度的飞天常绘制或雕刻在佛塔和菩提树的上部，一般有两身飞天，上半身为人形，两手持花环或做散花状，下半身则为鸟形，有翅膀，有鸟尾。在印度规模最大的佛教石窟群——阿旃（zhān）陀石窟中，飞天主要出现在洞窟门柱的装饰雕刻、窟顶的壁画以及故事画的一些场景中。在佛说法的场景中，佛两侧的上方往往对称地雕刻着两身散花供养的飞天。有时又会出现对称雕刻的两组飞天，男女分组。这些飞天通常是一腿前屈，一腿做出向后扬的造型，这是表现飞动的一个常见样式。

印度巴尔胡特窣堵波围梯的方形浮雕“礼佛图”中的飞天

飞天随着佛教传入中国后，这些飞翔在天空中的形象就与中国神话中的神仙形象结合在一起，有了鲜明的中国特色和民族风格。飞天形象与敦煌石窟的开凿相始终，历时千余年，仅敦煌莫高窟就有六千多身飞天。我们知道，艺术的创作通常都会经历早期的萌芽、中期的繁荣与晚期的衰落三个阶段，我们试着从飞天创作的萌芽期、繁盛期和衰落期三个阶段来简单梳理一下不同时期飞天的特点和具有代表性的乐舞壁画形象。

萌芽期：北凉、北魏、西魏、北周时期的飞天

飞天通过西域传入敦煌，进而传入中原地区。萌芽期的飞天，带有明显的西域飞天的特点。如，北凉壁画中，在佛像或佛说法图的上部，两侧对称地各画出一身飞天，或者是两身一组的飞天，形象多为男性，健壮而朴拙。建于北凉的莫高窟第272窟，在南北壁的说法图中，分别画出了对称式的双飞天。同样建于北凉的莫高窟第268窟，在其西壁龛上，飞天光头，上身袒露，系长裙，身形粗壮，呈“U”字身形。双飞天、男性、袒露上身是这一阶段飞天的特点。

北魏第254窟、257窟、260窟等，也都较多地在佛的两侧上部对称地画出飞翔的飞天。从西魏开始，由于受中原画风的影响，身材瘦削、褒衣博带的飞天与印度飞天共舞于一窟，飞天开始表现为成群结队飞行的样子。

北周以后，常在四壁上部与窟顶相接的地方，原本是画天宫栏墙中伎乐的地方，开始画出一周飞天。飞天代替了天宫伎乐，且数量大增，成为壁画中十分醒目的形象。

飞天　莫高窟第272窟　北凉

飞天　莫高窟第404窟　隋代

繁盛期：隋唐时期的飞天

隋唐两代是敦煌飞天艺术发展的高峰，完成了中国化、女性化、世俗化、歌舞化的历程，表现了空灵、欢乐的精神境界和雍容华贵的民族风格。隋代的飞天女性特征明显，常被描绘为娟秀的少女、贵妇。并且随着社会的开放，形成了袒胸露背、赤足、丰腴健美的形象，在隋代一些洞窟窟顶藻井画中还出现了群飞天，如第407窟。

三兔藻井　莫高窟第407窟　隋代

散花飞天 莫高窟第320窟 盛唐

唐代的飞天受宫廷舞蹈和仕女画的影响，多为菩萨装，画工构思充满想象力，技艺高超，善于通过升腾、伸屈、俯仰和翻腾的动态体现飞天的形体美。在第320窟南壁著名的佛说法图上部，两侧各有两身飞天。这两身飞天，一身好像在回头招呼后面一身飞天，而后面的一身飞天则挥手与前面的飞天相呼应，表现得十分生动而有情趣。在第172窟龛内顶部，也有类似的双飞天，一身向上，一身向下，周围画出流云，形成了一个旋转的动势，充满情趣，在画面构成上表现得十分完美。

绘于盛唐的第321窟，在洞窟西壁龛顶和北壁西方净土变上部绘有二十余身飞天，可以说是盛唐时期飞天成就的代表之作。段文杰先生

飞天　莫高窟第321窟　盛唐

曾有一段文字细致描述这些形态各异的飞天形象，淋漓尽致地体现了飞天“气韵生动”的艺术创作成就：

蓝天空旷，彩云飘荡，天花乱坠，幡盖飘扬，天乐“不鼓自鸣”。飞天姿态优美，风采各异，有的穿游于花幡、天乐之间；有的横贯长空，扬手散花；有的结伴降落，窃窃私语；有的遨游太空，悠闲自在；有的双手抱头，倒体下坠，势若流星；有的捻花踏云，缓缓徐降；有的舒展双臂，浮空滑行。在净土变中，她们与宝池中荡漾的绿波相映相衬，表现出一派宁谧、和悦的景象。

衰落期：五代至元的飞天

从五代开始，飞天的创作虽然也继承了唐代传统，但创新不多。宋代的画院风格也影响到了敦煌地区，飞天的创作逐步走向了程式化。这里的程式化，是指绘画中风格开始统一和机械。西夏时期，飞天的绘制基本限于窟顶，一般为身着菩萨盛装的飞天，手持乐器演奏和散花。莫高窟第327窟窟顶南坡，有两身飞天，一身手捧花盘，一身弹箜篌，二者逆风飞翔，衣裙飘曳，长带飞舞，虽无唐代飞天的气势，但其飞行动态也很生动，不过飞天画面中的彩云极为程式化。

元代时期，由于广泛流行密宗，藏传密宗艺术中无飞天，汉传密宗艺术中留存的飞天也不多，其中莫高窟第3窟南壁和北壁千手千眼观音经变图上方两角的四身飞天，北壁观音经变图上方两身飞天造型较为完美。

飞天　莫高窟第327窟　西夏

飞天　莫高窟第3窟　元代

反弹琵琶惊四座

据专家统计，琵琶图形在敦煌莫高窟壁画中出现了六百多次，形制多达五十多种。琵琶本由西域传入敦煌，并进一步向中原传播，在乐舞活动中被广泛使用。唐代诗人岑参在《酒泉太守席上醉后作》中

反弹琵琶伎乐飞天　莫高窟第276窟　隋代

写道："琵琶长笛曲相和，羌儿胡雏齐唱歌。"而白居易的《琵琶行》中，"犹抱琵琶半遮面"的琵琶女，更是让人为其身世唏嘘不已。从这些诗句中可以看出琵琶作为一种乐器的普及。

敦煌早期天宫伎乐壁画中，已多处出现伎乐天弹奏琵琶，为身旁另一舞伎伴奏的图像。在敦煌壁画中，手持琵琶边弹边舞的绘画有数十幅，其舞姿有怀抱竖弹、挥臂横弹、昂首斜弹、倾身倒弹、背后反弹等多种。在中唐以后的壁画创作中，开始出现大量反弹琵琶的舞蹈形象。如，莫高窟第112窟南壁，有一幅绘于中唐时期的壁画，里面就有最著名的反弹琵琶舞姿画面。

画中舞筵两侧各有三个神态各异的伴奏乐伎。舞伎肩披长巾，上身向右前倾，左腿屈立，右腿屈膝，高提大腿，脚部上勾，拇指用力翘起。舞者反持琵琶于脑后，左手按弦，右手屈于音箱后拨弦。舞者

观无量寿经变中的反弹琵琶　莫高窟第112窟　中唐

观无量寿经变中的反弹琵琶（局部） 莫高窟第112窟 中唐

梳高髻，面部丰腴，表情温婉柔和。画匠将舞者矫捷的动势、优雅的姿态、妩媚的神情汇聚凝固在侧身反弹的那一瞬间，给后世观赏者留下无穷的联想发挥和再创作的空间。

同绘于中唐时期的莫高窟第159窟西壁佛龛北侧，也有盛装反弹琵琶的舞伎。舞者宽胸细腰，面部丰满秀丽，盛装打扮，头饰、项圈、臂环、手镯、腰饰、脚环与舞裙上的珠串一应俱全，华丽夺目。舞者右腿屈膝高抬，脚趾张开，反持琵琶于脑后，长巾卷曲飞扬于全身上下。

反弹琵琶　莫高窟第159窟　中唐

与击长鼓者对舞的反弹琵琶舞伎　莫高窟第156窟　晚唐

在莫高窟壁画中，反弹琵琶有独舞的，也有对舞的。莫高窟第156窟南壁有与击长鼓者对舞的反弹琵琶舞伎，属于晚唐的壁画。

反弹琵琶的舞姿多为上身微微前倾，琵琶反背于颈后，左臂伸直握弦，右臂屈于音箱，一足屈立，另一腿屈抬成“端腿”姿。这种造型独特的舞姿深受观者喜爱，但是在唐代的文献中并未见有正弹或反弹琵琶起舞的记载，琵琶均用作伴奏乐器出现。

音乐、舞蹈是现实生活的反映，画匠的艺术创作来源于现实。学者经过研究发现，在敦煌壁画表现民间赛神的民风习俗的画面中，也多处出现了女巫弹琵琶起舞的场景，由此可以推知当时现实生活中有边弹奏琵琶边舞的琵琶舞。反弹琵琶舞姿，是在中唐以后的敦煌壁画里大量出现的，舞蹈史研究者推测这可能是吐蕃统治敦煌时期传入的。据舞蹈工作者考察，西藏定日地区至今还有反弹四弦琴起舞的形式。当然，我们也不能排除西域原有乐舞中就可能有反弹乐器而舞的动作，以显示舞蹈者的精湛技艺。近期，北京舞蹈学院敦煌舞蹈文化研究中心的师生们在反弹琵琶舞的探源研究和创作实践中，已取得了可喜的成果。

琵琶作为一种乐器，反弹的姿态是不便于演奏的；但是作为舞具，其奏乐的功能就削弱了，再经过画工的想象与艺术加工，突出了舞伎的优美姿态、高超技艺与独特造型，可谓别有一番风韵。

反弹琵琶是敦煌绘画艺术表现手法中最具特点的画面，也代表了敦煌壁画艺术表现手法中最高的绘画水准。今天，“反弹琵琶”是指突破常规的思维方式与行为准则，从事物反面思考和看待问题。反弹琵琶的造型用在舞蹈中，体现了舞蹈的创意；用在设计中，则会带来新颖、独特的设计视角。希望你既可以琵琶横抱，弹奏出《十面埋伏》的惊心动魄；也能琵琶反弹，拥有不俗的创新精神。

与舞长巾者对舞的反弹琵琶舞伎　莫高窟第5窟（摹本）　五代

「健舞」与「软舞」

大体而言，唐代的舞蹈按风格可以分为“健舞”与“软舞”两种，前者以阳刚之美作为主要风格，后者则以阴柔之美为其鲜明特征。不过，“健舞”与“软舞”的划分是相对的，它是从舞蹈更侧重于哪一方面来进行区分的，一些舞蹈两种风格兼而有之，表现为“刚中有柔，柔中带刚”。如莫高窟第220窟的乐舞场景中，既有急旋如风的“健舞”，也有姿柔轻曼的“软舞”，我们只要对这两种舞蹈风格有个大致了解即可，无须逐一“对号入座”。

“健舞”的代表性舞蹈

剑器舞，也称剑舞，是比较有代表性的“健舞”之一。舞剑，早在春秋时代就有记载。楚汉战争时，鸿门宴上“项庄舞剑，意在沛公”的故事说明有时舞剑不单纯是为了宴会助兴，在刀光剑影中，也可能上演着一段惊心动魄的历史。一般来说，剑舞是由民间武术发展而来，据说唐代著名舞伎公孙大娘的剑舞“雄妙神奇”。据《明皇杂录》记载，公孙大娘擅长多种剑器舞，著名的有《邻里曲》《裴将军满堂势》《西河剑器浑脱》，因其剑舞冠绝一时，被誉为“剑器第一”。

胡旋舞也是“健舞”的一种。原为西北少数民族舞蹈，源于康国（唐时属安西大都护府管辖，即今中亚撒马尔罕一带），北周时传入中原。《旧唐书·音乐志》记载此舞因“急转如风，俗谓之胡旋”。这种舞蹈以鼓伴奏为主，舞者站在一小圆毯上，做纵横腾踏状，但两足都不离开毯子，很是奇妙。

胡腾舞源于石国（今乌兹别克斯坦共和国塔什干一带），为男子独舞，它以急速多变的腾跳、踢踏、旋转为特点，表现出一种豪健、狂放的民族精神。这种舞蹈一般是在酒宴上表演，在舞蹈开始前，舞者或先用本国语言自报家门，述说几句之后开始舞蹈；或痛饮一杯酒，随后“手中抛下蒲萄盏”，作“蹲舞尊前急如鸟”状。这里“蹲舞”意指蹲身、双腿作交替屈伸跳跃而舞，这种舞姿在俄罗斯和我国新疆少数民族的舞蹈中常会见到。在音乐急促的节奏中，舞者变化着各种舞姿，致

胡腾舞铜俑　甘肃省山丹县博物馆藏

阿弥陀经变　莫高窟第220窟　初唐

歪头劲舞的天宫伎乐　莫高窟第248窟　北魏

使“红汗交流珠帽偏”，由于舞蹈动作快且有力量，舞者跳得大汗淋漓，头上的帽子也歪向一边。

在敦煌莫高窟建于北魏的洞窟中，天宫伎乐的形象中就有大幅度扭腰出胯、伸臂扬掌的舞蹈动作，既带有尼泊尔、印度的舞蹈风格，又含有北魏鲜卑拓跋部族游牧民族粗犷豪放的精神气质。

“软舞”的代表性舞蹈

“软舞”的代表性舞蹈之一《绿腰》，是配合器乐曲《六幺》创作出来的，它是女子独舞。唐代诗人李群玉的《长沙九日登东楼观舞》一诗对《绿腰》舞的姿态有生动形象的描述：“南国佳人”表演《绿腰》时姿态轻柔飘逸，似兰花之轻柔，如游龙般婉转回环。《绿腰》充分展示着中原传统舞蹈中舞袖、运腰、求轻、重柔的风格化技艺，刻画了轻柔曼妙的舞蹈风格。在五代顾闳（hóng）中的传世名画《韩熙载夜

《韩熙载夜宴图》（局部） 五代 顾闳中 作

宴图》中，我们可以看到王屋山舞《绿腰》的场面。

在这幅画中，韩熙载站在红漆羯鼓旁，两手握鼓槌，上下交错击鼓，与持拍板者一起伴奏。身穿红衣的新科状元郎粲侧身斜靠在椅子上，目光注视着舞者。舞者王屋山身穿天蓝色舞衣背对观众，身体呈“S”形造型，脸微向右侧，抬起的左脚正要踏下去，双手背在身后，正欲下分使长袖飘舞起来。舞者表情含蓄妩媚，展现了温婉的气质。

《春莺啭》也是“软舞”曲。关于这首乐曲的来历，《教坊记》记载说：“高宗晓声律，晨坐闻莺声，命乐工明达写之，遂有此曲。”后来根据乐曲增编了舞蹈，并将之归入了“软舞”类。这种舞蹈常在后宫花园内表演，可以想象，在鸟语花香的环境中，此舞蹈舞动起来自然是一派柔美气象。不过，舞蹈风格总是与时代风格相适应的，由于唐时“胡乐”“胡舞”的盛行，《春莺啭》在流传不久后也就销声匿迹了。

在莫高窟第205窟壁画中，二舞伎单足立于方毯之上，一正面，一

“软舞”风格的双人巾舞（摹本） 莫高窟第205窟 盛唐

侧面，相向而舞。舞伎的一只手臂轻抬至头顶处，另一只手臂斜垂至腰下，手作“弹指”状，侧出胯，身体呈“S”形。巾带披肩绕臂，自然下垂，说明她们表演的是节奏舒缓、舞姿柔婉的舞蹈。此为“软舞”的典型形象。

急转如风胡旋舞

唐代诗人白居易有一首名为《胡旋女》的诗，诗中写道：

胡旋女，胡旋女。心应弦，手应鼓。弦鼓一声双袖举，回雪飘飖转蓬舞。左旋右转不知疲，千匝万周无已时。人间物类无可比，奔车轮缓旋风迟。曲终再拜谢天子，天子为之微启齿。胡旋女，出康居，徒劳东来万里余。中原自有胡旋者，斗妙争能尔不如。天宝季年时欲变，臣妾人人学圜转。中有太真外禄山，二人最道能胡旋。

白居易不仅是一位伟大的诗人，而且也是一位卓有成就的音乐家和舞蹈鉴赏家。据说，他家的几个歌舞伎都是他亲手培养与指点的。白居易善于用诗歌来描绘音乐舞蹈，为我们留下了研究唐代音乐舞蹈的宝贵资料。在《胡旋女》一诗中，介绍了胡旋舞的舞姿特点，即“左旋右转不知疲，千匝万周无已时”，同时，对跳这种舞蹈的“胡旋女”

来历也进行了说明，胡旋女来自康居（古西域国名），经过万里跋涉才到达中原。

唐玄宗的宠妃杨玉环就以善舞霓裳羽衣舞及胡旋舞著称，《杨太真外传》记载，她曾自夸舞艺前无古人，说“《霓裳羽衣》一曲，可掩前古”。杨玉环舞蹈和弹琵琶技艺之高超，是有文献可考的。据《旧唐书·安禄山传》记载，安禄山“晚年益肥壮，腹垂过膝，重三百三十斤，每行以肩膊左右抬挽其身，方能移步。至玄宗前，作胡旋舞，疾如风焉”。体重高达三百三十斤、走路时需用肩膀和胳膊抬挽其身的安禄山，能跳快速旋转的胡旋舞，足见其是个灵活的胖子。

唐玄宗李隆基是一个颇有艺术才华和修养的音乐家。他善作曲，亲自参加内宫乐队（梨园）的排练，并在现场演奏乐器伴舞，对舞蹈艺术有较高的鉴赏能力。在其统治后期，极力追求声色享乐，不但各

胡旋舞图之一（线描图） 莫高窟第220窟 初唐 何治赵、万庚育 绘

地选拔出色的乐舞艺人进献宫廷，域外及少数民族地区也纷纷向唐王朝献“胡旋女”及其他乐舞百戏艺人。

在建于初唐的莫高窟第220窟主室北壁东方药师经变和南壁阿弥陀经变中，可以见到这种舞蹈。在北壁经变画中，二十八位乐师分坐两侧，中间有四位舞伎，两人一组，立在小圆毯上翩翩起舞。这幅四人舞图，画的都是舞伎旋转时的瞬间动作。舞伎手中挥舞的长巾划出的轨迹，显示出旋转的速度和力度，这与史书所载的“胡旋舞”急速旋转的描写相符。

我们可以从线描图中比较清楚地看到舞者旋转的动态。图中的舞者立于一小圆毯子上，手执长巾，两两相对，做出旋转的动作。我们知道，壁画中的舞蹈形象是画工抓取的瞬间动作，是无法显示整个旋转的过程的。并且，北壁和南壁的三组舞者，服饰各异，各自独立，

胡旋舞图之二（线描图） 莫高窟第220窟 初唐 何治赵、万庚育 绘

东方药师经变　莫高窟第220窟　初唐

并不是表现同一个场景。不过，你可以试着想象一下他们是如何旋转的。你可以将任何一对舞者作为旋转的起点，然后想象他们或由背对转向相对，或由相对转到背对，这样是不是有“初转”的姿势，转到一半的姿态，还有“转回”的姿态？这样，就可以找到旋转动作的连续性了。在欣赏敦煌乐舞壁画的时候，你需要大胆去想象，在想象中赋予静止瞬间的壁画以生命力和连续性。

胡旋舞在史书中记载是属于康国乐，根据《新唐书·音乐志》的记载，“康国伎，有正鼓、和鼓，皆一；笛、铜钹，皆二。舞者二人”，而“龟兹伎，有弹筝、竖箜篌、琵琶、五弦、横笛、笙、箫、觱篥（bì lì）、答腊鼓、毛员鼓、都昙鼓、侯提鼓、鸡娄鼓、腰鼓、齐鼓、檐鼓、贝，皆一；铜钹二。舞者四人”。观察东方药师经变壁画，我们可以发现壁画中庞大的乐队与龟兹乐的风格更为接近。前面篇章中曾经提到过，康国乐和龟兹乐都属于唐朝的“十部乐”。这样就产生了一个问题，在北壁东方药师经变中，在同一画面出现了不同乐部，这似乎是有悖常理的，因为按照唐代燕乐制度，不同乐部应该按顺序依次表演，所以龟兹乐中似不太可能出现胡旋舞，反之亦然。

对此有研究者认为，胡旋舞自康国（即今中亚撒马尔罕一带）经今新疆龟兹地区传入中原后，又折回河西地区。就是说，壁画中之所以同时描绘龟兹乐与胡旋舞，是龟兹乐舞与康国乐舞在河西地区融合的结果。也有学者认为，这种融合是在中原地区完成之后传入河西地区的。其实，无论是哪种观点，都证明了龟兹、康国、疏勒等胡部音乐在隋唐，甚至在更早时期就已出现相互融合的现象。

“吴带当风”话巾舞

“吴带当风”是对唐朝画家吴道子人物画风格的概述。吴道子在绘画时，为了增强绘画对象的分量感和立体感，他突出了人体曲线和自然的结合，所画人物、衣袖、飘带具有迎风起舞的动势，也就是常说的“天衣飞扬、满壁风动”。长巾作为一种舞蹈道具，在敦煌莫高窟壁画中得到了淋漓尽致的展现，无论是在自由飞翔于天界的飞天身上，还是急旋如风的胡旋舞者身上，长巾所勾勒出的或轻盈或充满力度感的弧线，恰可以用“吴带当风”来形容。

巾舞，又称“公莫舞”，因舞者双手执长巾而舞得名。巾舞在我国有悠久的历史，西周时期用于祭祀的舞蹈中，就有舞者手执五彩缯（zēng，古代对丝织品的统称）而舞的记载。相传汉代时，巾舞已用于宴会中，舞者所用巾帛最长的可达6米多。魏晋时，巾舞仍在流传。唐朝妇女普遍使用披帛，它是妇女披于肩上的一种装饰物，通常用轻薄的纱罗织成，上面印制着各种图纹。披帛始于秦汉，隋唐时盛行。妇女平时将其缠绕于双臂，行走时酷似两条飘带，非常美观。舞女常

穿红绸衣的舞巾者

执披帛而舞，舞者运用手臂、手腕力量的大小变化，带动长巾在空中飘荡，舞出变化莫测的各式绸花，从而达到舞者仅用双臂或双袖所无法表达的艺术效果。在宫廷与上层官宦人家，宴乐中的巾舞更是盛行不衰。

1957年，陕西省长安县郭杜镇执失奉节墓出土了一幅壁画。画中的舞女头梳高髻，身穿敞胸窄袖衫，下着红白长褶裙，手执披帛，舒展双臂，缓步起舞，表现的正是唐代“巾舞”的形象。

在莫高窟唐代经变画的天宫伎乐场面中，长巾不仅是舞者身上的装饰品，更是重要的舞具。舞者双肩披巾带，上下舞动，折射出了唐代舞蹈活动中巾舞的艺术形象。巾舞的舞蹈造型众多，既出现在“健舞”风格的舞蹈中，也可以在“软舞”风格的壁画形象中觅得踪影。

莫高窟第172窟北壁，就有一幅双人巾舞图。舞者在长方形毯上挥巾起舞，两人的舞姿完全一致，画工用一正面、一背面的处理手法，使画面既富于变化，又能让观者同时清晰地观赏到同一舞姿的正背两面。围绕舞者长巾飘拂的动势，与画面中央似乎缠绕在一起又急速分离的带结，表现了舞者有力地挥动双臂而急步环行的动势。

莫高窟第148窟东壁，也是一幅双人巾舞图。不过，图中两位舞伎的姿态不同。在梅花图案的长方形舞筵上，两位舞伎舞动长巾，虽然都是单足吸腿，却是一侧首，一平视；一背面，一正面；一收臂，一张臂；一屈身，一直立。舞者在手臂的上与下、动作的收与张中既有对比，又彼此呼应。

双人巾舞　莫高窟第172窟　盛唐

双人巾舞　莫高窟第148窟　盛唐

莫高窟壁画中除了双人巾舞外，也有不少单人巾舞的场景。如莫高窟第201窟，头戴花冠、身着透明薄纱衫的舞伎在方形的舞毯上倾身低头，舒展双臂挥动巾带而舞，长巾漫卷，舞姿柔曼，动作舒缓，营造出岁月静好的氛围。

莫高窟壁画中，也有大型乐队伴奏的巾舞画面。绘于晚唐的莫高窟第85窟，就是如此。在长方形舞筵上，一头戴“山”字形头饰的舞伎，双臂搭长巾、双手抓握长巾正在翩翩起舞。舞者右臂抬举，左臂侧展，头向左微侧，扭腰出胯，身体呈现优美的“S”形体态。舞者修眉细眼，

倾身低头的单人巾舞　莫高窟第201窟　中唐

由大型乐队伴奏的巾舞　莫高窟第85窟　晚唐

面庞丰满圆润，视线向下，显示出沉静端庄的气质。在她的两侧，各有八人的伴奏乐队，演奏着十六种各不相同的乐器。

学者认为，巾舞的流行及其在壁画中的形象，与中国古代丝绸的生产有着密切的关系。研究者通过调查发现，只有丝绸挥动起来才能体现莫高窟壁画中舞蹈所需要的飘逸、灵动的感觉。在敦煌地区，出土过大量的丝织品遗物，这间接说明丝绸在敦煌地区被广泛使用着，而这正是丝绸之路乐舞艺术发达的重要物质基础。

雄姿英发剑器舞

唐文宗李昂曾下诏文，将李白歌诗、裴旻剑舞、张旭草书御封为“三绝”，这可称得上是国家最高规格的认证。而这“三绝”，或多或少都能与剑器舞（也称剑舞）扯上些关系。

我们先来看看李白诗歌中的剑舞。李白好剑术，在他的诗歌中，有几十首写到了剑，也有描写剑舞的。《玉壶吟》一诗写道：“烈士击玉壶，壮心惜暮年。三杯拂剑舞秋月，忽然高咏涕泗涟。”诗中表达了诗人渴望建功立业，然而却未能像曹操那样干一番轰轰烈烈事业的惆怅。三杯酒下肚后，再也无法抑制悲愤，于是拔剑而起，一边对着秋月挥剑而舞，一边高声吟咏，泪水止不住往下流。

李白像

不同于鸿门宴中的刀光剑影，在唐时，舞剑常是宴会助兴的一个重要手段。诗人笔下描述剑舞的诗句层出不穷。岑参《酒泉太守席上醉后作》中写道："酒泉太守能剑舞，高堂置酒夜击鼓。"酒泉太守在高堂中摆起酒宴，酒酣耳热时，在鼓声中手持宝剑翩翩起舞。

裴旻的剑舞技艺之高超也屡屡见诸史料。裴旻是唐玄宗开元时期的人物，曾镇守北平郡（今河北卢龙）。唐朝书法家颜真卿有一首《赠裴将军》诗，也说裴旻"剑舞若游电，随风萦且回"，大意是说裴旻舞动起宝剑就像闪电般迅捷，如风一般来回缠绕。据说公孙大娘曾吸收裴旻的舞剑招式，编入她的《剑器舞》中，称"裴将军满堂势"。

了解完李白的诗歌和裴旻的剑舞，我们再来看看张旭的草书。张旭是盛唐时期把草书艺术推向"狂草"阶段的艺术大师。他的草书纵横奔放，气势凌厉。张旭曾说看到公主、担夫争道，又闻鼓吹而得笔法意，观公孙大娘舞剑器而得其神，从而使得"草书大进"。

剑舞　莫高窟第154窟　中唐

我们在莫高窟的壁画中，也可以发现剑舞的踪影。如莫高窟第154窟东壁有一幅中唐时期所绘《金刚经·忍辱波罗蜜品》，画中三人均穿着当时的文人服装，一人盘腿端坐于床榻之上，手捧经卷正在念诵；床榻右后方一人做骑马蹲裆的弓箭步，右手持竹剑而舞；床前另一人亦做弓箭步，做挥拳击掌状。研究者认为这个场景真实反映了当时流行的剑舞和武术相映成趣的豪健姿态。

王克芬研究员在榆林窟第3窟南壁绘于西夏时期的菩萨伎乐图中，发现了剑舞的新图像。在这幅图中，三身伎乐菩萨均单足脚尖着地持舞具而舞，自东向西依次为腰鼓舞、剑舞和拍板舞。跳剑舞者右手持剑，侧身回眸，做腾跃之状，姿态夸张、豪放，具有鲜明的西域风格。

菩萨伎乐图中的剑舞画面　榆林窟第3窟　西夏

在榆林窟第25窟，有一幅名为《未生怨》的壁画，讲述了这样一则故事：古印度国王频婆沙罗王年老无子，请来相师算命。相师告诉国王说山中有一个道人，死后会来投胎。国王求子心切，安排手下挖断了道人进出山的道路，饿死了道人。但是王后还是迟迟不见有孕。于是国王又请来相师，相师告诉国王，因为道士投生的时机还未到，化为白兔了。国王又派人围捕了所有白兔，并用铁钉将它们钉死。不久王后怀孕，生下王子取名为阿阇世。由于老年得子，国王和王后非常宠爱王子。阿阇世长大成人后发动政变篡夺王位，将其父幽闭于七重深牢，并断绝食物，想将其饿死。王后惦念国王，以探监名义去见他，偷偷将蜜面涂在身体上、将葡萄汁灌在璎

《未生怨》(局部) 榆林窟第25窟 中唐

珞中，带给国王充饥。当阿阇世知道是母后所为后，盛怒异常，当即杀了父王，并持剑欲追杀其母。

在这幅壁画表现追杀的画面中，持剑相追者的出剑动作和剑舞的姿态有异曲同工之妙，这说明了剑器舞也是从实际生活中提炼而成的。

宋代的宫廷舞队小儿队中有剑器队，宋代大曲中有《剑舞》名目，它们在一定程度上都是继承、发展了唐代的剑器舞。宋代时，我国传入朝鲜的乐舞中，也有《剑器舞》的名目。虽然唐宋时期的剑器舞在今天已经失传，但是“剑舞”却作为一种舞蹈形式流传至今。戏曲、武术中，挥剑舞出的是豪气干云；而在文人的心中，一琴一剑，则代表了快意恩仇的江湖梦。

铿锵有力之鼓舞

鼓在古人的生活中扮演着重要的角色。一般认为，在战场上擂响第一通鼓时，士气最盛，所以也就有了《左传·庄公十年》所说的“夫战，勇气也。一鼓作气，再而衰，三而竭”的说法，高明的军事家会在战争中巧妙利用鼓声提振士气。在佛寺中，用晚上击鼓、早晨撞钟来报时，暮鼓晨钟让人警醒，催人精进。在祭祀与宴乐歌舞中，鼓也是不可缺少的，不过大多是作为伴奏乐器出现，作为舞具出现的情况并不多见。而在敦煌莫高窟壁画中，作为舞具的鼓却频繁出现。我们在前面谈敦煌乐器时，曾提到莫高窟壁画中有盘鼓、建鼓、铜鼓、腰鼓、鸡娄鼓、答腊鼓、羯鼓、鼗（táo）鼓等不同的形制，而壁画中的鼓舞画面为我们研究这一舞蹈形式提供了宝贵的图像资料。

开凿于中唐时期的莫高窟第158窟，又称涅槃洞，俗称睡佛洞。窟正中主坛上是释迦牟尼涅槃卧佛，佛右胁而卧，双眼微闭，嘴角含笑，左手自然放在左腿之上，一副安详入睡之态。与塑像后所绘的巨幅各国王子举哀图相对，佛坛之下右侧绘有“外道谤佛”图，大意是外道

腰鼓舞　莫高窟第158窟　中唐

腰鼓舞（摹本）　莫高窟第158窟　中唐

听闻佛涅槃，欢呼跳跃。一人吹横笛，一人兴奋得手舞足蹈，他左腿微曲，右腿抬起，右脚大拇指上翘，左手张开，右手握拳，做出奋击腰鼓的姿态。壁画中对腰鼓舞者肌肉线条刻画生动，充满力量感。因为是刻画谤佛的场面，此形象为历代礼佛的信众所厌恶，画面被严重损毁，以致我们今天已不能清晰地看到舞蹈者的神情和腰鼓形制等细节，只能通过线描图来大致看一下鼓舞者的姿态和腰鼓的形制。

在中唐时期绘制的榆林窟第25窟观无量寿经变画中，同样也有腰鼓舞的形象。在这幅经变画底部中央是一个单人鼓舞场面。舞者身材丰腴，上身裸露，戴项圈、璎珞等，臂挽长巾，身挂腰鼓。他向左微微侧身，展开双臂，吸提左腿做出腾跳之势，十指大张，似乎正要拍击垂挂于胸前的腰鼓。舞者右脚五趾紧扣方形舞毯，左脚拇指用力翘起，似乎已经集中了全身的力气。舞者身披的长巾随舞蹈节奏回转流动，形成优美的绸花。这幅壁画中腰鼓形制较大，装饰华美，与舞者腰间的佩饰相得益彰。舞者两侧各有四个乐伎伴奏，分别使用箫、横笛、

腰鼓舞图　榆林窟第25窟　中唐

观无量寿经变之腰鼓舞与乐队　榆林窟第25窟　中唐

排箫、琵琶等乐器，神情专注。在舞伎的左侧，有一人首鸟身的迦陵频伽正弹奏着琵琶，整个画面生动和谐。

莫高窟第108窟南壁为晚唐时期壁画。胸鼓舞舞伎头戴花饰，身披长巾、微侧身、舒展双臂、十指大张，左腿屈膝高抬，脚趾上翘，右

胸鼓舞　莫高窟第108窟　晚唐

击长鼓舞　莫高窟第156窟　晚唐

脚做外八字形，牢牢站立在装饰有花瓣图案的舞毯上。舞者胸前挂着的鼓形制较小，雕镂精致。随着舞者动作，舞巾自然卷曲，整个画面充满雍容华贵之感。

在莫高窟唐代经变画中，也有多幅舞伎分别击鼓与弹琵琶者对舞的画面。如，莫高窟第156窟南壁对舞中的击长鼓舞就是其中之一。位于舞筵左边的舞者肩披长巾，长鼓垂于腰间，双臂舒展，手指一张一收，做出正欲拍鼓状。舞者右腿微屈而立，左脚掩于长裙之中，有学者推测其可能正在做“掖腿”或“踏步”动作。舞者低头倾身，闭目凝神，表情温婉。

击鼓而舞的舞蹈形式，至今仍在我国各地的民间舞中流传。陕西安塞的安塞腰鼓、甘肃兰州的太平鼓、山西的花鼓，以及朝鲜族的长鼓等，就是其中比较有代表性的鼓舞形式。当代作家刘成章所写的散文《安塞腰鼓》，用画面感十足的语言描述了安塞腰鼓的雄姿，这篇文章被收入现行的初中语文教材中。他写道：

……百十个斜背响鼓的后生，如百十块被强震不断击起的石头，狂舞在你的面前。骤雨一样，是急促的鼓点；旋风一样，是飞扬的流苏；乱蛙一样，是蹦跳的脚步；火花一样，是闪射的瞳仁；斗虎一样，是强健的风姿。黄土高原上，爆出一场多么壮阔、多么豪放、多么火烈的舞蹈哇——安塞腰鼓！

读着这些文字，是不是有一种莫高窟壁画中那些鼓舞图像动起来的感觉？莫高窟曾经的画工用他们手中的画笔将那一个个瞬间的舞蹈形象永久地留在了壁画上，而今天，鲜活连贯的舞蹈动作似乎是“复活”了那一个个瞬间的形象，就这样，穿越千年的时空，神奇地交汇在了一起。

稚气欢颜童子舞

在敦煌壁画中，有这样一些童子形象，他们活跃在百戏中、莲花上，为庄严肃穆的敦煌壁画增添了一抹俏皮的色彩。我们就来看看壁画中童子们的娱乐生活。

百戏中的童子舞

“百戏”是我国古代汉民族民间表演艺术的泛称。“百戏”一词产生于汉代，包括杂技、角抵（“角抵”一词来源于“以角抵人”，是一种类似现在摔跤、相扑一类的两两较力的活动）、幻术、游戏等，尤以杂技为主。自汉代以来，童子杂耍就是角抵百戏里的重要内容，它是一种融合乐舞杂技的综合性表演节目。

莫高窟第361窟南壁的乐舞场面中，在中央舞毯边缘就描绘了六个生动活泼的百戏舞童表演的场景。在这幅壁画中，有六个萌萌的童子形象。以中间两童子为中心，一童子反身下腰，另一童子单足站立于反身者腹上，双手托盘，左腿抬起，足尖托盘旋转；紧挨这两人的两童子中，左边童子右脚点地、左脚上抬，右边童子左脚点地、右脚上抬，一人双手平举，一人双手上举，目光注视耍盘者，伴舞的同时似乎也在做必要的防护，感觉一有闪失就会冲上去保护队友。左右两端各有两个童子，左端童子双手撑地做倒立状，浑圆的小屁股对着团队其他成员；右端童子一手撑地，一手悬于空中，手指大张，正在做着类似现在体操中侧手翻的动作，这个动作在戏曲中叫“虎跳”，他的目光似乎也正关切地投射在耍盘童子身上。

在这幅壁画中，六位童子动作呆萌可爱，团队成员各有分工，共同协作，为我们呈现了一场充满童趣的演出。欣赏完百戏中童子的精彩表演，我们再来欣赏莲花童子舞。

乐舞场面的百戏舞童　莫高窟第361窟　晚唐

莲花童子舞

莫高窟唐宋时期的壁画中，常有童子在莲花中起舞的形象，主要出现在经变画的莲花上或莲池中，也有画在装饰佛龛两侧的莲纹图案上的。这些童子或赤裸全身，或只戴肚兜，或兼有肚兜、短裤，一个个憨态可掬。在莫高窟第329窟佛龛左右两侧，分别装饰着竖形莲花纹的图案，在其上，就有一些童子正在舞蹈的形象。

佛龛两侧竖形莲花纹图案上的童子舞
莫高窟第329窟　初唐

图中的四位童子圆胖敦实，有的系围嘴，有的戴肚兜，均单腿或立于莲花中，或立于莲蓬上，手中或举着莲花，或抚摸莲苞，另一腿做或踢、或抬、或踏、或扬的各种动作。整个画面充满童趣，不过观者看到此处估计不免要暗暗替他们担心，这些“熊孩子”们，万一有个闪失，可就掉下来了。

莫高窟壁画中，也有童子在莲池中嬉戏的画面，他们在水中做出托掌、叉腰等舞蹈造型，憨态可掬。在莫高窟第285窟西壁的龛楣上，

化生童子伎乐　莫高窟第285窟龛楣　西魏

有绘于西魏时期的一组化生童子伎乐，他们皆为总角（古代未成年人把头发扎成左右两个髻，形状如角，故称总角）、裸体，站立在莲花之中，有的吹奏乐器，有的合掌拜舞，姿态十分优雅。

在榆林窟的第15窟南北两壁，也有莲花童子舞蹈的画面。这些童子均赤裸全身，单足立于莲花之上，或手持莲花、花蕾，或握拳扬手，虽也童趣天真，但整体绘画缺乏灵动之感，在绘画技法上比较粗糙，很像是刚刚拿起画笔者的涂鸦之作。

莲花童子形象　榆林窟第15窟　宋

童子飞天舞

童子飞天也是敦煌壁画飞天中的一种形象。他们从佛国净土世界的莲花中化生而出。一般着童男装，身披长巾，飞翔于空中歌舞散花。在莫高窟的西魏、隋、唐、五代、西夏时期的壁画中，都可以看到童子飞天。不过，在不同时代，童子飞天的形象、姿态和服饰并不相同。这也说明壁画中的形象来自现实生活，画工在绘画时是以现实中的生活为模板的。

在莫高窟第97窟龛内西壁，有一童子飞天。头饰小儿葡萄髻，面容丰满白净，躯体肥胖，眉眼上斜，高鼻小嘴，手臂上有臂钏、手环，腰束兜肚，脚穿红靴，左手执花篮，右手上举做出散花状，表示对佛的供养。画中的彩带飘扬，勾画出了童子飞天在空中疾飞而下的动态。这个童子飞天的造型带有明显的少数民族地区的风格。

童子飞天　莫高窟第97窟　沙州回鹘时期

火宅童子舞　莫高窟第449窟　中唐

火宅童子舞

火宅童子舞是根据《法华经》的“火宅喻”品而创作的，主要是宣扬佛教的出世思想，通过描绘某富人住宅大火，而“诸子等于火宅内乐著嬉戏，不觉不知，不惊不怖”，表现身陷大火仍作乐不止的场景。

在莫高窟第449窟南壁法华经变中有一中唐时期火宅童子舞的画面，用夸张简洁的手法表现在火宅内，有一群穿着各色世俗装的小孩正在挥舞长袖，做腾跳、蹲、跪等舞姿。研究者认为这些舞姿很像胡腾舞的动作，与中亚石国少儿善此舞有关。

看来，在那个没有手机、电视等电子娱乐设备的古代，反映在壁画中的儿童娱乐生活倒也丰富多彩。

神秘霓裳羽衣舞

“轻拢慢捻抹复挑，初为《霓裳》后《绿幺》。大弦嘈嘈如急雨，小弦切切如私语。嘈嘈切切错杂弹，大珠小珠落玉盘。”这些诗句你一定不会陌生吧，是的，它就是白居易《琵琶行》中的名句。诗中提到的《霓裳》，就是《霓裳羽衣曲》。本节我们就来看看与之相关的《霓裳羽衣舞》。

《霓裳羽衣舞》可以说是盛唐时期最著名的乐舞。传说唐玄宗曾随道士罗公远游月宫，见到数百仙女在月宫中练习舞蹈，唐玄宗问曲子的名字，罗公远告之为《霓裳羽衣》。唐玄宗精通音律，于是默默记诵音调。等唐玄宗返回宫廷后，发现只记住了一半音调。正好西凉节度使杨敬述进献《婆罗门曲》，声调与玄宗在月宫听到的相符，玄宗遂以月中所闻为散序，敬述所进为曲，而名《霓裳羽衣》。唐玄宗游月宫得《霓裳羽衣曲》这种说法自然是不能相信的，它只是一种附会而已。一般认为，《霓裳羽衣舞》是融合了中原与西域乐舞，经唐玄宗亲自改制的大型乐舞。在乐队伴奏下，人数众多的舞伎身着鲜丽缤纷的霓裳羽衣（“羽衣”是强调其仙人身份，可以有象征性的“翅膀”，但并非一定是插上羽毛）翩翩起舞。

明代木刻杨贵妃舞蹈图

《霓裳羽衣舞》有独舞、双人舞及群舞等多种表演形式。天宝年间（742—756），既有杨贵妃及其侍儿张云容等表演的女子独舞，也有玄宗生日时，宫女们表演的大型群舞。据史料记载，文宗开成元年（836），宫中组织十五岁以下舞者三百人舞《霓裳羽衣舞》；宣宗时，几百宫女舞《霓裳羽衣舞》，宫女们手执幡节，饰珠翠，飘然起舞，如群鹤飞翔。《霓裳羽衣舞》的舞蹈极为精美，深谙音乐、舞蹈的白居易就在诗中赞叹：“千歌万舞不可数，就中最爱霓裳舞。”

《霓裳羽衣舞》之所以能风靡一时，除了最高统治者的喜好外，更重要的是有各民族乐舞交融的背景，所以也为广大民众所喜闻乐见。读到这里，你是不是有些好奇，既然这种舞蹈在唐代流行很广，那么，在敦煌壁画中，应该有大量与之相关的图像吧？答案是否定的，我们在敦煌莫高窟壁画中很难找到表现《霓裳羽衣舞》的大型图像。

对这个问题，目前有两种推测。一种观点认为，天宝后期爆发“安史之乱”，唐王朝自此走向衰落。许多人将“安史之乱”的爆发归咎于唐玄宗喜好声色，归咎于杨玉环的“红颜祸水”，乃至归咎于“胡夷之

《明皇幸蜀图》 李昭道（宋摹本）

声乱华”，于是胡旋舞、霓裳羽衣舞等舞蹈也受到牵连而逐渐衰微。这样，它们便不易在壁画中得以表现。白居易《长恨歌》中的“渔阳鼙（pí）鼓动地来，惊破霓裳羽衣曲”，说的就是渔阳叛乱的战鼓声震耳欲聋，宫中于是停奏《霓裳羽衣曲》。传为唐代画家李昭道所绘的《明皇幸蜀图》，就描绘了唐玄宗为避“安史之乱”，行于蜀中的情景。在画面的中心位置是一群带着行李、十分劳累的侍从，画面的右角，是唐玄宗和他的妃嫔、侍臣等。险峻的山岭、盘曲的石径、危险的栈道，烘托了唐玄宗一行狼狈逃离的情景。如果说唐玄宗之后的继任者能够接受教训，不再沉溺于享乐与声色，这似乎也能说得通。

另一种观点则认为，《霓裳羽衣舞》舞蹈场面宏大，唐文宗时期的《霓裳羽衣舞》更是舞者成群，乐队庞大，很难在壁画中描绘出来。而该舞蹈的传说又与道士、仙乐有关，也就难以在以佛教文化为主导的壁画中表现出来。

事实上，一直到唐玄宗之后的唐文宗、唐宣宗时期，《霓裳羽衣舞》还不断在宫廷宴乐中表演，所以第一种观点不太能站得住脚。第二种观点应该比较符合实际。不过，在数以百计的唐代舞蹈图像中，尤其是在敦煌舞伎色彩斑斓的服饰上，我们还是处处可以看到宫廷霓裳的影子。有学者发现，莫高窟晚唐时期第12窟南壁所绘独舞舞伎图像的服饰绚丽多彩，不仅脚踩五色丝毯，而且背后有花叶映衬，衣裙下方露出了翼状装饰，显示系“羽衣”的特征，推测即是“霓裳羽衣”的独舞形象。

独舞舞伎　莫高窟第12窟　晚唐

鉴赏篇

多元文化的交流与融合

李白《前有樽酒行》写道：“胡姬貌如花，当垆笑春风。笑春风，舞罗衣，君今不醉将安归？”这首诗描述了貌美如花的胡姬在酒肆中轻舞罗衣的场景，沉湎其中的人儿不醉不归。“胡风”“胡乐”与“胡舞”的盛行，体现了外来文化对中原乐舞的影响，事实上，中原乐舞也通过各种渠道向其他民族地区传播，这种双向或多向的交流，营造了中外各族乐舞文化大交流和融合的局面。

在一些出土文物中，表现了胡汉共舞的情景。陕西兴平出土的一个南北朝时期的石刻在佛座底部有一幅乐舞图，在莲花纹装饰的博山炉两边，两舞者对舞。左侧为一高鼻深目的胡人，身穿胡服，高举双

南北朝佛座乐舞石刻及舞人细部摹本（图片来自王克芬著《万舞翼翼》）

臂至头顶，“吸腿”而舞；右侧是中原汉装女子，细腰长裙，挥动长袖而舞。

1957年，陕西西安鲜于庭诲墓出土了一件三彩釉陶载乐骆驼文物。在一只昂首挺立的骆驼身上，载有乐舞俑五人，五人皆为汉、胡成年男子。中间一个胡人在跳舞（也有学者认为是在引吭高歌），其余四人围坐演奏。他们手中的乐器仅剩一把琵琶，另外三人各持乐器已不见踪影。考古学家姚鼐（nài）先生研究认为，这四人应该是一人拨奏琵琶，一人吹筚篥，两人击鼓。从这件文物中也可以直观地看到西域音乐对内地的影响，以及各民族之间乐舞文化相互交流与融合的史实。

在莫高窟乐舞壁画中，无论是乐舞形象、题材，还是壁画的绘画技法，都可以找到多元文化交流与融合的痕迹。

三彩釉陶载乐骆驼

天宫伎乐　莫高窟第435窟　北魏

我们首先从乐舞形象来看。莫高窟壁画早期的天宫伎乐形象，大多形体健壮，上身半裸，舞蹈动作常呈现大幅度扭腰出胯的“S”形造型，表现出北方游牧民族豪放雄健之风。莫高窟第435窟，舞者身披印度服饰沙丽，舞姿也具有印度风格。这说明随着佛教传入，其发源地印度的服饰与舞风也传入我国敦煌地区。

来自印度的飞天，在印度时多以男女双飞天的形式出现，传入敦煌后，表现形式和手法更为丰富，中国画线条的使用，使飞天的造型流畅舒展，大大增加了飞天的灵动之美。飞天也从男女飞天向女性飞天转化。

菩萨形象的变化也同样是多元文化交流与融合的结果。印度的菩萨是男性，到中原之后，菩萨变成了女性，并逐渐接近中原的审美观。在唐代经变画中，菩萨乐舞体态丰腴，面容丰满，服饰华美，神情安详，与唐朝崇尚的女性丰腴之美十分接近，所以在史书中就有了“菩萨如宫娃”的说法。

作为佛教艺术的宝库，莫高窟壁画题材大多取自佛教内容，刻画的多是西方极乐世界的场景。在唐朝一些大型经变画中，乐舞场面宏大，宫殿楼阁，雕栏水榭，一派人间皇室的华贵气派。这是唐朝宫廷的宴乐场景经过艺术家的加工和创作，被搬到莫高窟的壁画中。歌颂张议潮收复河西历史功绩，反映其出行宏大场景的《张议潮统军出行图》，反映贵族形象及生活的《宋国河内郡夫人宋氏出行图》，反映民俗风情的婚嫁图、宴饮图等，更是世俗生活的写照。敦煌壁画乐舞题材由娱佛、礼佛向世俗生活场景的丰富与拓展，也是文化交流与融合带来的必然变化。

“小字脸”菩萨　莫高窟第428窟　北周

敦煌壁画技法的创新，也体现了文化的交流与融合过程。早期敦煌壁画在表现人物五官的立体感时，采用了西域“凹凸法”的敷彩技法。“凹凸法”采用“叠染”和“晕染”两种方法。由于颜料中混有铅白、铅丹，年久日深，随着混合色引起的色彩变化，原来的肉红变灰、变黑，但显示高光的白色不变。由于不同朝代叠染或晕染的部位不尽相同，于是在敦煌壁画中就出现了“小字脸”和“五白脸”等不同的艺术风格。

唐朝画家吴道子吸取了“凹凸法”的技艺，并有所发展。他的画作栩栩如生，富有立体感，人物衣带飘飘，如同被风吹拂，留下了“吴带当风”的美名。唐代莫高窟壁画线描生动、笔势流畅，就是深受吴道子绘画风格的影响。

中华文化所具有的兼容并包的精神，使不同民族、不同地区的文化交流与融合成为可能，而这种交流与融合，不仅促成了中国乐舞文化的多元化，而且在交流与融合的过程中，为了符合不同时代政治、经济、文化、风俗习惯和审美等的需求，不断改变和创新，使乐舞的表现形式丰富多彩，表现内容包罗万象。

经典的『S』形造型

在莫高窟壁画舞姿中，有一种经典的“S”形造型，舞蹈学家将之称为“三道弯”，具体指舞蹈动作中头、胸、腰与臀、胯、腿以逆反方向呈“S”形的形态。在今天的傣族舞、秧歌、云南花灯等民间舞蹈中，随处可见这种舞姿。舞者通过勾脚、出胯、扭腰，以及别致的头颈姿态等，形成了韵味无穷的曲线美，给观者以美的享受。

敦煌乐舞研究者将敦煌壁画舞姿的“S”形造型大致归纳为以下三种情况：身体的主躯干形成典型的“S”形曲线造型，这种造型中舞者柔曼多姿，线条流畅，多为“软舞”类型；虽然身体的主躯干不呈“S”形曲线造型，但通过借助于手臂、腿，形成丰富多变的“S”形曲线，多为“健舞”类型，给人以遒劲有力之感；主躯干和手臂虽无明显的“S”形曲线造型，但有“S”形曲线的感觉。

在早期的敦煌壁画中，都在窟顶四壁的上部画出一排天宫伎乐，其中的伎乐形象都有鲜明的“S”形体态及异域乐舞的特征。他们的头、肩、胯、手臂和手势向左或向右抻拉、扭曲和变形，形成左“S”形或

伎乐天　莫高窟第248窟　北魏

右“S”形体态，敦煌乐舞专家也将它称为半身舞蹈。

这种“S”形的造型，从北凉经北魏、西魏至北周，一直延续到隋代，此后这种半身“S”形天宫伎乐形式逐渐消失，被飞天乐伎和礼佛舞伎所代替。

从隋唐到宋元飞天的各种飞翔姿态中，同样也可以看到“S”形的造型。飞天主要是由膝、胯、肋的移动，而形成整个肢体形态的曲线。在今天的飞天舞姿中，歪脚、勾脚吸腿、勾脚侧抬腿等就是从敦煌壁画舞姿中“S”形造型提炼出的动作，从而形成飞天舞蹈独特的特点。

著名的莫高窟中唐第112窟南壁东侧观无量寿经变中的反弹琵琶舞姿，就是“S”形造型的经典。画中舞伎发髻高耸，腰部纤细，臀部后翘，

六臂伎乐飞天　莫高窟第148窟　盛唐

上半身夸张地向前倾。富丽的珠宝等饰物衬托着女性“S”形曲线。她左手置于身后，反握一把从右肩一直斜伸到脑后的长颈梨形琵琶，右手做反弹状，在头部后上方呈现出一个奇特的反“S”形，与躯干正“S”形前后映照，相互呼应。莫高窟第148窟南壁的六臂伎乐飞天，优美灵动，也是一个类“S”形造型。这个舞蹈造型是我国古代最优美最有特色的，被誉为敦煌乐舞中最美的舞姿。

敦煌学研究者在研究中发现，从公元前1世纪末印度桑奇大塔塔门上的药叉女弯曲的手臂和裸露的三道弯体态造型中，可以找到北凉、北魏、西魏、北周等早期敦煌壁画舞姿中“S”形造型的美学源头。

印度和西域的舞蹈传入敦煌之后，受中原文化的影响，在舞蹈服饰、造型、构图方面有了改变，北凉、北魏的壁画乐舞形象，已脱离古印度药叉女裸体舞蹈的形象，但其壁画乐舞艺术却始终保留着东西

印度桑奇大塔塔门的药叉女形象

方交流背景下产生的“S”形痕迹，北魏、西魏特有的半裸的飞天“S”形肢体符号正是来源于西域的舞蹈形象。

我们知道，敦煌壁画中呈现的都是舞蹈中瞬间的动作，它所抓取的都是曲线美的造型。从美学原理上说，典型动作的选取是构成造型艺术表现美妙动作的基础，而处理动作姿态的过程则是强化化“静”为“动”原理的有效手段。“S”形造型在中国化、本土化过程中，加入了一些新的元素，如飘带的应用，使舞蹈更为飘逸、灵动。

倾身抬膝巾舞　莫高窟第308窟　西夏

乐器仿制重奏敦煌妙音

古代没有音响保留条件，所以我们只能通过壁画中遗留的形象，去想象千年前的敦煌究竟演奏了怎样的妙音。今天，学者们解译宛如“天书”般的敦煌曲谱，仿制敦煌古乐器，就是为了重奏敦煌妙音，繁荣祖国的音乐文化事业。

敦煌研究院的郑汝中研究员就是在这个领域中辛勤工作的学者之一。他通过对敦煌壁画中所绘乐器图像的调查、分类，统计出敦煌石窟壁画乐器有四十四种、六千多件。他为这些乐器拍摄照片，建立详细的档案，进行全面的分类考察，并参照有关文献与存世的实物资料，经过反复论证，成立了“敦煌壁画乐器仿制研究”课题组。郑汝中研究员在这个课题中担负了总体设计、绘制草图、筛选样式并亲至乐器厂车间监制的责任。

敦煌壁画中绘制的乐器跨越千年，琳琅满目，其形制变化多样，造型丰富而复杂。其中的许多乐器虽然在民间仍流传和使用，但已有不少变化；更有一些乐器只留存在文献的记载中，实物早已失传。尤

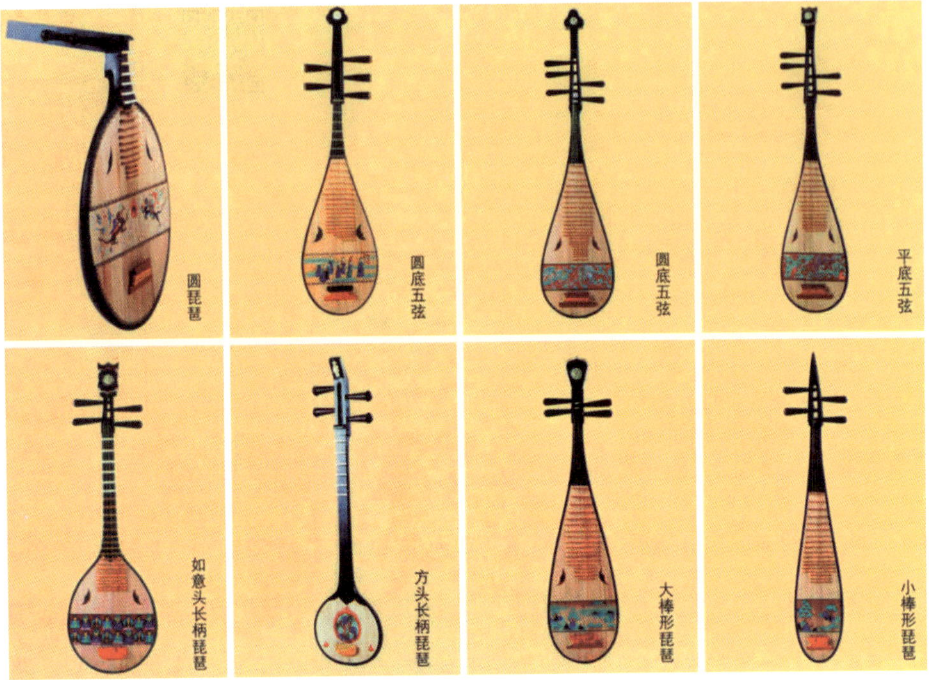

敦煌乐器仿制品图片之一

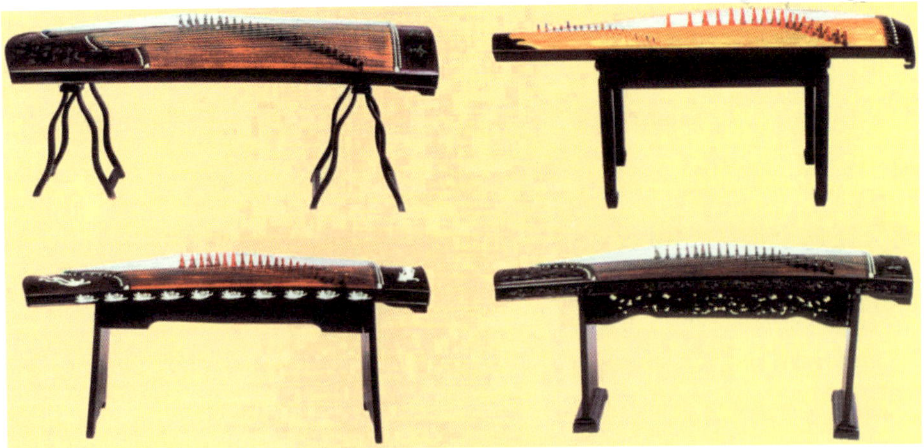

敦煌乐器仿制品图片之二

敦煌乐器仿制品图片之三

其是几种乐器仅见于敦煌壁画中，为敦煌特有的造型。这一切，都给仿制工作带来了极大的挑战。

郑汝中研究员以壁画乐器图像为基本依据，特别精选出其中具有敦煌特色，造型、装潢、结构与今日传世乐器不甚相同的代表性乐器54件，进行仿制。经过深入研究与精心设计，课题组确定了“依据古代乐器形制，运用现代科技与先进材料”的原则，在敦煌研究院、北京昭明万邦敦煌文化发展公司与北京乐器厂的共同努力下，于1991年成功仿制吹、拉、弹、打四大类六十余件乐器。

1991年10月，文化部艺术研究院音乐研究所乐声学实验室对这批仿制乐器作了频谱测量报告，得出了它们的谐波成分清晰、稳定的结论。1992年，这批乐器又在中国音乐学院小礼堂举行的鉴定会及演奏会上，获得了与会专家的一致肯定。同年，这批仿制的乐器荣获文化部科技进步二等奖。

郑汝中研究员及其团队仿制的这批乐器，具有鲜明的民族风格和浓郁的敦煌特色，由壁画图像和文献资料转化为实物，不但为我国音乐史的研究提供了形象资料，具有学术方面的价值，而且在今天乐舞表演中也具有实用价值。

音乐家谭盾先生在乐器仿制方面也另有贡献。谭盾先生自2014年起，先后赴伦敦、巴黎、东京、波士顿的博物馆和图书馆研究敦煌古谱原件，通过与日本和中国泉州、新疆、北京等地的乐器制作师们研讨唐代乐器的制作与音乐风格，结合自身对音乐的理解和想象，最

谭盾先生在法国国家图书馆研究的敦煌古谱

终仿制了源自敦煌壁画中的多件唐代乐器，并创作出音乐作品《敦煌遗音》。

2017年5月13日晚，为迎接正在进行的“一带一路”国际合作高峰论坛，谭盾先生携仿制的唐代压脚鼓、敦煌五弦琵琶、敦煌古代奚琴等乐器和多件敦煌古曲谱在“上海之春”国际音乐节上首次亮相。在演奏会上，作为“炫技”环节，演奏者施文卿还即席表演了敦煌壁画中反弹琵琶的经典形象。

反弹琵琶是敦煌壁画中最经典的形象之一，但是一般都认为它是画匠的艺术创作，这种演奏方式其实是无法真实呈现的，琵琶因有自身重量，舞者很难做出高难度的反弹琵琶舞姿，并边奏边舞。在《丝路花雨》等舞剧中，在出现反弹琵琶的情节时，通常都是舞蹈演员拿着琵琶道具在跳舞。如果要还原“反弹琵琶”的经典场景，就要在乐器的材质、大小和特性方面进行改造。

谭盾先生根据壁画中反弹琵琶的形状，找到了一个大葫芦，在上海民族乐器团师傅的帮助下，将之劈成两半。经过一年多的研制，做出了一件重四百五十克、一件重五百多克的琵琶。有了琵琶，谭盾先生找到了演奏家施文卿女士，仔细研究如何将这件琵琶反弹出声。之后，又派施文卿去北京舞蹈学院学习敦煌舞蹈，使反弹琵琶做到“形声俱备”。

除了乐器的仿制，近年来，我们经常会看到艺术家通过挖掘优秀中国传统文化，尝试用多种形式将敦煌音乐文化搬上舞台。

2020年7月，兰州大学创编的声乐套曲《敦煌廿咏》发布。兰州大学中华诗乐文化研究中心首次尝试用声乐套曲演绎敦煌文献，以现代作曲和表演方式对敦煌文化进行创造性转化。在谱曲和编曲上，将《敦煌乐谱》已解译版本中的音乐素材与当代作曲技法相结合，演奏时除古琴、笛、箫、古筝、二胡、琵琶等中国传统乐器外，适当增加了大提琴等西方乐器，选用男声独唱、女声独唱、男女二重唱、童声合唱等不同的演唱形式，用丰富的乐器伴奏，不同的音色展现《敦煌廿咏》所勾画的敦煌风物和历史景观。

正是因为有一代代人坚持不懈的努力，沉寂千年的敦煌音乐才有机会得以重奏妙音。

飞天艺术的传承与创新

敦煌学者高度赞誉飞天是佛教文化的使者，它从古老的印度起飞，曾在阿富汗、尼泊尔歇脚，越过昆仑山，经新疆到敦煌，接受华夏文化的洗礼，然后飞遍神州大地，又飞向更远的东方、西方，为全人类所认同和鉴赏。敦煌飞天为艺术家的创作提供灵感，艺术家的创作则为飞天赋予了新的生命力，二者在相互成就中使飞天形象闻名遐迩，飞天艺术得以传承。

说起著名的京剧大师梅兰芳先生，或许你多多少少听过一些有关他的故事。梅兰芳先生曾排练过一出古装神话歌舞剧《天女散花》，其灵感就来源于敦煌飞天。据说，梅兰芳先生在朋友家看到宋代画家李公麟《维摩演教图》中天女散花画面，对衣带飘逸、体态轻盈的天女形象印象深刻，于是想通过艺术的形式再现敦煌飞天的神韵。

《天女散花》的剧情取材于佛经《维摩诘经》，维摩居士因夜读经书，劳累成疾得了眼病，于是佛祖如来派遣众弟子前去问候。由于断定维摩诘会借机讲经，如来便派天女到维摩居士的病室去散花，以检

梅兰芳《天女散花》舞姿

验弟子们的学习情况。天女御风而行，在尘世上空低头下望，果见维摩诘正与众人讲经。于是天女将满篮鲜花散去，弟子舍利弗满身沾花，天女解释说这是因为舍利弗修为不够。

为了在舞台上呈现壁画中御风而行、衣带飘飘的天女形象，在长达半年的编演时间里，梅兰芳先生参考了莫高窟壁画中的各种飞天形象，他取消了天女服装中的水袖，改用两条长绸，并用武戏的基本功把长绸抖动起来，创造出边唱边舞的“长绸舞”，生动地表现了天女御风而行的形象，也为京剧艺术的表演增添了新的表现手法。

1917年12月，《天女散花》在北京首演。在舞台上，梅兰芳先生使长绸随舞翻转，塑造了令人目不暇接、如行云流水般的优美造型，再现了神话般奇妙的意境。《天女散花》一经演出，便引起轰动。《天女散花》取材于敦煌飞天，梅兰芳先生在京剧传统的表演形式基础上进行了创新，在传播飞天艺术的同时，也促进了他的古装戏的创作和表现能力。

著名画家张大千先生则因为临摹敦煌飞天，不仅丰富了其画作的表现内容，而且对传播敦煌石窟艺术作出了巨大贡献。

20世纪40年代，张大千先生从师友处多次听说敦煌艺术，心生向往，几经筹划，于1941年6月率妻儿及一众弟子奔赴敦煌考察和临摹

张大千创作的《飞天图》

石窟壁画。从1941年到1943年，在近三年的时间里，张大千先生在莫高窟、榆林窟、西千佛洞主持清理出了309个洞窟，摹写历代壁画将近三百幅。1943年到1944年，张大千在兰州、成都、重庆等地举办“张大千临摹敦煌壁画展”，轰动全国。这次敦煌行对张大千先生其后的艺术创作也起到了突破性的关键作用，张大千先生临摹敦煌壁画的作品现大多藏于四川博物院以及台北故宫博物院。

对于张大千先生的敦煌之行，史学家陈寅恪先生评价说，因为大千先生临摹北朝、唐、五代壁画，将之介绍给世人，使得世人得以窥见此国宝之一斑，其成就已经超过了以前敦煌学研究的范围，并且因为张大千先生天才独具，所以虽然是临摹画作，但是兼具创造之功，为我国民族艺术另辟了一个新境界。

张大千在莫高窟临摹壁画

由著名舞蹈家戴爱莲编导、中央歌舞团1954年首演的女子双人舞《飞天》，是中华人民共和国成立后第一部取材于敦煌壁画的舞蹈。它以莫高窟壁画中的飞天形象

戴爱莲编导的双人舞《飞天》造型

为原型，编导一方面提取了飞天的造型特点，另一方面采用中国传统戏曲中的“长绸舞”形式。舞者挥舞长绸，以绸带飞扬瞬间的舞姿造型，结合腾跃和旋转的舞步，形象描摹了飞天自由翱翔于天宇的意境。借助于长绸挥动勾勒出的舞蹈轨迹，使壁画中静止的飞天舞姿变得灵动。

在大型舞剧《丝路花雨》、独舞《敦煌彩塑》等作品中，对飞天形象的塑造和刻画成为其舞蹈的一大亮点。可以说，敦煌飞天为艺术家的创作提供了不竭的源泉，古老的飞天已经并将继续凸显其强大的生命力与吸引力。

从《丝路花雨》到《千手观音》

1979年，根据敦煌石窟壁画创作的大型舞剧《丝路花雨》面世。《丝路花雨》以丝绸之路上商贸大会及敦煌壁画创作为历史背景，用舞蹈语汇演述了老画工神笔张和爱女英娘的悲欢离合，反映了唐代西部地区各民族与各国的经济和文化交流盛况，突出宣扬正义、热爱和平、加强各民族人民友谊的主题。舞剧主人公英娘用高超舞技艺术地再现了敦煌壁画中飞天的优美舞姿，尤其是将反弹琵琶舞姿复原并丰富、演化为一套完整的舞蹈，给观众留下了深刻的印象。该剧在演出当年，就获得了文化部庆祝中华人民共和国成立三十周年献礼演出“创作一等奖”和“演出一等奖”。

《丝路花雨》在北京人民大会堂公演后，又到全国各地巡回演出，获得盛誉。从1981年6月起，《丝路花雨》还先后到朝鲜、法国、意大利、日本、泰国、西班牙、土耳其等四十多个国家和我国港澳台地区巡演，引起巨大反响，被誉为“中国民族舞剧的典范”“中国民族舞剧的新成果”，也为宣传敦煌艺术与促进文化交流作出了积极贡献。1994年，《丝

《丝路花雨》中英娘舞姿（扮演者：史敏）

路花雨》在中华民族20世纪舞蹈经典评比展演活动中荣获“经典作品金像奖”，被誉为“中国舞剧的里程碑”。

《丝路花雨》也为敦煌艺术的创新与现代化提供了实践经验。其后，甘肃艺术家创作、演出的《飞天》《天资馨曲》《唐韵胡旋》《千手观音》《大梦敦煌》《敦煌古乐》《天马萧萧》《敦煌情韵》等大型舞剧、舞蹈，以及北京、陕西、湖北艺术家创作的《敦煌彩塑》《大唐乐舞》《编钟乐舞》等，乃至日本、韩国舞蹈家在敦煌舞蹈艺术方面的创作与教学，都得益于《丝路花雨》的启示。

《千手观音》则是以敦煌乐舞为题材的另一经典之作。在佛教的发源地印度，观音造像本是男性，留有胡子，在传入中国后，我国信众尊信观音是大慈大悲、救苦救难的女性菩萨，她有千眼可洞察人间的是非善恶，有千手能救助身陷苦难的人们。“千手千眼观音”形象，

兰州文理学院艺术职业学院（原甘肃省艺术学校）演出的《千手观音》剧照

甘肃省歌舞剧院演出的《丝路花雨》（英娘扮演者：康琪）

千手千眼观音变　莫高窟第3窟　元代

是千百年来我国古代画家、雕塑家的集体创造，且代代传承、世世创新，也是无数能工巧匠的智慧结晶。

目前比较有名的《千手观音》舞蹈版本有两个，其雏形是《丝路花雨》中的“六臂神舞”。后由兰州文理学院艺术职业学院（原甘肃省艺术学校）的高金荣女士根据敦煌莫高窟第3窟的千手千眼观音壁画，重新创作为《敦煌手姿》舞。1998年，在北京演出时依据王克芬先生的建议更名为《千手观音》。

2003年8月，《千手观音》获得了文化部举办的第七届中国青少年艺术大赛“桃李杯”舞蹈比赛群舞创作优秀奖。作为甘肃省艺术学校的一个精品保留节目，对外演出数百场。

另一个版本是2005年中央电视台春节联欢晚会上，由中国残疾人艺术团编演的《千手观音》。这个由舞蹈编导家张继钢及其团队创作的大型音画舞剧，在音乐、编舞、舞美等方面进行了很多尝试与探索，由二十一位平均年龄二十一岁的聋哑演员，克服了常人难以想象的困难进行的美轮美奂的表演，令人惊艳与叹服。

为了让演员们能够感受到音乐的节奏，准确地同时出手，在排练时，四位手语老师站在舞台的四角，通过手势为演员传递音乐节奏和舞蹈的一招一式，通过她们的手，演员“聆听”音乐节奏，学习舞蹈动作。而在脱离手语老师的指导进行舞台表演时，演员主要通过地板的震动来对准和熟悉节拍。据说舞蹈者也需要通过感受后颈传来的身后舞蹈者的呼吸来统一动作，这个细节也说明了这个舞蹈排演之难。

《千手观音》的舞台表演营造出了层出不穷、千变万化的视觉冲击力，将舞蹈的审美和德育作用发挥到了极致。

自成风格的敦煌舞

一般认为，1979年大型舞剧《丝路花雨》的演出，标志着敦煌舞真正意义上的诞生。敦煌舞属于中国古典舞的一种，然而，与融合武术、戏曲动作和造型的中国古典舞不同，敦煌舞是以敦煌壁画乐舞形象为基础，经过当代舞蹈家研究“复活”和创作出来的一个新的舞种。

反弹琵琶舞姿　吴曼英　绘

敦煌舞强调对敦煌壁画舞蹈姿态的呈现，像飞天、反弹琵琶、千手观音等敦煌舞中的经典造型，均来自敦煌壁画的代表性舞姿。可以说，敦煌舞的创作，始于对敦煌壁画舞姿的临摹。

1977年，吴曼英研究员对敦煌莫高窟一百四十多幅大型经变画进行考察，统计出两百多个舞伎的舞姿图像，并临摹出敦煌壁画舞蹈最有代表性的舞姿123幅（后来这些临摹的素描图收入了《敦煌舞姿》一书），这些临摹图成为《丝路花雨》创作团队和时任甘肃省艺术研究院校长的高金荣女士研究和创作敦煌舞的源泉。吴曼英研究员临摹的反弹琵琶舞姿，造型轻盈，细节生动，给舞蹈艺术家的创作带来了很大启发。

如果说临摹舞姿是敦煌舞创作的第一步的话，那么如何去“复活”舞蹈，则有更长的路要走。这是一个从“无”到“有”的过程，因为敦煌壁画中的乐舞场景在传统的戏曲舞蹈中是看不见的。如何将敦煌壁画中静止、孤立、瞬间的舞蹈姿态，变成连贯、流畅、动态且富于美感的舞蹈动作，形成具有浓郁敦煌风格的舞蹈语汇，并发现和提炼敦煌舞内在的韵律，这是每一个敦煌舞创作者都要面临的问题。

敦煌舞教学的创始人高金荣女士曾五次深入敦煌莫高窟。她从壁画上舞者的呼吸、表情入手，进而探究其丰富的内心世界，最终提炼出呼吸、眼神、手、臂、肋、胯、膝、肢体曲线等训练元素和特定舞姿，以及步法、旋转等动作的衔接方式。1980年，高金荣女士编著的《敦煌舞教学大纲》问世，敦煌舞从眼神、手姿、道具都有了可以借鉴的教学规范。同年，原甘肃省艺术学校招收了第一届敦煌舞班学生。1993年，高金荣女士所著《敦煌舞蹈》一书出版，这是我国第一部自成系统的敦煌舞专著及专业教材。

贺燕云扮演的英娘反弹琵琶造型

我们今天所看到的敦煌舞的舞蹈造型，主要体现为“S”形的三道弯，通

举步急行的单人巾舞　莫高窟第112窟　中唐

过利用头和胸、腰和臀、胯和腿以逆反方向呈“S”形造型，将优美的身体曲线尽数展现出来。这是舞蹈艺术家在吸收、借鉴西域各民族舞姿，运用古典舞蹈的节奏韵律，将壁画中静止的姿态和与其风格统一的动作过程结合，从而形成的较完整的舞蹈运动和造型体系。

强调舞具在舞蹈中的运用，也是敦煌舞的一个特色。在敦煌舞中，使用比较多的道具有长绸、琵琶和鼓。在舞剧《丝路花雨》中，英娘在莫高窟内拿着琵琶翩翩起舞的舞段，正是对反弹琵琶舞姿的再现和复活。在“再现”敦煌壁画舞姿的基础上，舞蹈艺术家们对长绸加以创新改革，形成了飞天长绸和火焰纹绸两种绸带的表现方法，展现了绸带多元丰富、飘逸灵动的审美风格。

舞蹈的核心价值在于传情达意和创造美感。敦煌舞有着丰富多样而又个性鲜明的审美特点，它的造型或飘逸洒脱，或雄健奔放，或轻灵高雅，或亲和自然，给观众带来了艺术享受。

敦煌壁画是多民族宗教、舞蹈、审美、民俗文化的“结晶”，而由此衍生出的敦煌舞蹈也在直接或间接地传达多民族文化因素，展现多民族文化交融发展的历程。敦煌舞在学习、借鉴敦煌壁画中的舞蹈题材、动作技巧、舞姿形态的过程中，加入了中亚和印度民间舞中典型的动作技巧和舞蹈形态，同时也吸收了大量的民间音乐、民间服饰之类的民俗性文化方面的要素，从而使敦煌舞在跨文化的交流中既保留了民族特色，又具有开放性和包容性。

敦煌舞是对敦煌壁画舞姿的提炼和概括，它是外来乐舞与中国古典乐舞相结合的产物，具有极强的艺术感染力。敦煌舞流派的形成与确立，不仅为中国古典舞体系增加了一个流派，而且将古代传入中原的西域舞蹈文化形象地再现给当代人，让当代人了解西域舞蹈的独特风采，体会古代中原文化与异域文化交流融合的盛况，同时彰显出中华文化强大的融合力和生命力。

敦煌乐舞鉴赏

一说起敦煌乐舞鉴赏，或许很多人会望而却步，认为这是专家学者的事情，对于非专业的读者来说，没有深厚的知识积累、敏锐的艺术感受和欣赏能力，能理解和赏析乐舞的内容吗？其实，即使你对敦煌乐舞知之甚少，但提起飞天、反弹琵琶舞姿、千手观音等，相信你多少还是有一些了解的，这就是你鉴赏敦煌乐舞的起点。

鉴赏一种艺术，首先就要了解我们所要鉴赏的对象是什么，它有哪些特点。我们观看敦煌壁画，其中的乐舞是一个个静止的瞬间图像，我们无法“重听”妙音、“重现”曼舞，所以无法了解它的节奏和旋律，难以把握它整体连贯性的舞蹈动作。而长达千年的开窟造像历史，多元文化的交流与融合反映在乐舞壁画中，就呈现出多元化与复杂性。事物客观存在，而艺术的鉴赏讲求主观感受，“一千个读者就有一千个哈姆雷特”，我们在观察、欣赏时投射了我们自己的生活经历、受教育程度和审美情趣等个性化的东西于其上，即使在鉴赏同一事物时，我们所得到的感受也是千差万别的。对敦煌乐舞的鉴赏，专业研究者可

迦陵频伽弹琵琶　莫高窟第372窟　初唐

以做得很深入，而你同样也可以有自己独特的感受。如果你能掌握敦煌乐舞鉴赏的一些基本方法，并有意识地去锻炼和培养鉴赏能力，相信你也可以成为敦煌乐舞鉴赏“达人”。

观察细节

欣赏一幅乐舞图像时，我们需要从细节处的观察入手，通过乐舞场景、规模、舞者的肢体动作与表情等，去尽可能多地发现和获取信息。观察乐舞场景有助于我们判断乐舞属于何种题材，是具有娱佛、礼佛性质的乐舞活动，还是表现出行、婚礼等的世俗歌舞，通常乐舞场景会为一幅乐舞图像定下基调。

乐舞图　莫高窟第465窟　元

音乐是通过节奏、旋律来表达情感，舞蹈则是通过舞者一系列的肢体动作来折射心灵、情感和思维美感的艺术形式。我们从舞者的表情、服饰、肢体动作，以及乐队规模、乐伎伴奏时的表情，去观察、想象乐舞呈现的主题，去体会乐舞要表达的情绪。敦煌乐舞图像的数字化使高清图片的获得变得容易，现代科技的发展使我们可借助的手段越来越多，这一切都使观察细节变得方便而快捷。

建立关联

观察乐舞图像的细节是第一步，将这些细节与我们已有知识之间建立关联，从而挖掘出图像细节背后隐含着的信息，则还需要我们利用查阅历史文献、相关文物图片等诸多途径来关联分析。

比如利用古代诗歌中与乐舞相关内容的描述，去了解舞蹈程式、风格、特征就是一个有效的方式。在传统文化中，诗歌、音乐与舞蹈是浑然一体的，它们都是表达人们情感的方式。其中，关于音乐与舞蹈之间的关系，有一种形象的说法："有乐而无舞，似聋者知音而不见；有舞而无乐，如哑者会意而不能言。"大意是说，有音乐而没有舞蹈，如同耳聋的人知道音乐而听不见；有舞蹈而无音乐，如同有语言障碍的人能领悟你说话的意思却不能回答你。由于敦煌乐舞图像的特殊性，一些有关乐舞的诗歌，可以帮助我们拓展思维，更好地去理解和体会"画外之音"。如，通过阅读白居易的《胡旋女》一诗，我们可以了解胡旋舞"弦鼓一声双袖举，回雪飘飖转蓬舞"的舞姿。联想一些诗歌中对乐舞场景的描述、气氛的渲染，能够使乐舞图像"活"起来，体会艺术的感染力。

另外，出土文物、传世名画中的一些舞蹈场景、乐器形制、舞蹈造型等，也可以丰富和补充敦煌乐舞图像，从而加深我们的认识。当然，这方面的知识需要我们去日积月累。

合理想象

由于壁画描绘的是瞬间的乐舞图像，它缺乏连贯性，更无法表现音乐的声响、节奏、旋律，我们只能通过舞者瞬间的姿态，借助想象力去欣赏。你可以脑洞大开，也可以天马行空，但最终建立在“常识”基础上的想象才是合理的想象。这些“常识”就是关于敦煌乐舞的一些基础知识，如一些舞蹈的典型程式（形象、风格、类型等），以及常见的乐队排列等。

当然，正确的历史知识、准确的时代感也不可或缺。当你欣赏《张议潮统军出行图》时，你可以把自己想象成仪仗队中的一员，能参与到节度使出行这样盛大的仪式中自然是兴奋激动，环顾周围，你看到的是号角齐鸣、鼓声铿锵，舞伎载歌载舞，这就是合理的想象。如果你非要在仪仗队中加入火箭、大炮，这就太“穿越”了。同样地，飞天身披丝绸长巾在天空自由飞翔，她们将祝福的鲜花撒向人间，如果非要让她们开飞机放气球，就显得荒诞不经了。

归纳提升

无论是观察乐舞图像细节，与已有知识建立关联，还是展开合理想象，我们得到的都是零碎的信息、片段的感受和局部的认识，将这些信息进行筛选、总结和归纳，使之成为有条理的表述，还需要我们有意识地去训练和提升感知及鉴赏能力。

我们在观赏敦煌乐舞壁画时，需要积极、主动地参与到鉴赏过程中，将我们的情感投入其中，通过乐舞图像的外在表现形式，有意识地去挖掘它们背后的内涵与意蕴，一步步地体会与理解这些作品的表现力、感染力与文化价值。

在面对敦煌莫高窟这一珍贵的世界文化遗产时，我们需要怀有一颗虔敬之心。这些穿越千年历史的优秀传统文化，带给我们的不仅仅是美的震撼、文化的自信，更是传承和发扬优秀传统文化的责任和担当意识，真正“让收藏在博物馆里的文物、陈列在广阔大地上的遗产、书写在古籍里的文字都活起来，丰富全社会历史文化滋养”。

参考文献

[1]柴剑虹，王克芬．绿洲上的乐舞[M]．兰州：甘肃教育出版社，2020 年．

[2]敦煌研究院．敦煌艺术大辞典[M]．上海：上海辞书出版社，2019 年．

[3]高金荣．敦煌石窟舞乐艺术[M]．兰州：甘肃人民出版社，2000 年．

[4]胡同庆，王义芝．本色敦煌：壁画背后那些鲜为人知的事[M]．北京：中国旅游出版社，2014 年．

[5]季羡林．敦煌学大辞典[M]．上海：上海辞书出版社，1998 年．

[6]李泽厚．美的历程[M]．北京：生活·读书·新知三联书店，2014 年．

[7]孟凡玉．丝绸之路乐舞艺术研究资料汇编·敦煌卷[M]．北京：中央民族大学出版社，2019 年．

[8]孙继南，周柱铨．中国音乐通史简编[M]．济南：山东教育出版社，2012 年．

[9]王克芬．万舞翼翼：中国舞蹈图史[M]．北京：中华书局，2012 年．

[10]杨琪．敦煌艺术入门十讲[M]．北京：生活·读书·新知三联书店，2016 年．

[11] 赵声良. 敦煌艺术十讲[M]. 北京：文物出版社，2017年.

[12] 郑汝中. 敦煌壁画乐舞研究[M]. 兰州：甘肃教育出版社，2002年.

[13] 郑汝中. 飞翔的精灵[M]. 上海：华东师范大学出版社，2015年.

[14] 朱晓峰. 唐代莫高窟壁画音乐图像研究[M]. 兰州：甘肃教育出版社，2020年.